何故亂翻書

——謝泳閱讀筆記

謝泳 著

目錄

輯一

書話

胡適的一篇佚文

胡適一生寫過很多文章，有些雖然不很重要，但對於胡適研究來說，盡可能瞭解他早年所寫的一切文章，還是有幫助的。

1922年，胡適在北京大學做教授時，曾給當時在北京大學和燕京大學當教授的美國人柴思義（Lewis Chase）選編的英文本《散文名著選》（Prose Selections or English Essays For Chinese Students）寫過一篇序言。這篇序言，一般的胡適作品集都沒有收入。如《胡適全集》《胡適作品集》《胡適文集》等，胡適的日記中也沒有提及，胡頌平編著的《胡適之先生年譜長編初稿》也沒有記錄。

胡適1922年5月23日的日記中記有：「六時半，到柴思（Lewis Chase）家吃飯；飯後到燕京大學向他們的教員談話，討論教會學校在中國教育制度上的位置」。（《胡適全集》第29卷第629頁，安徽教育出版社）同年8月30日的日記載：「到柴思（Lewis Chase）家吃飯，談甚久」。（同上第730頁）

關於柴思義的情況，胡適在文章的序言中介紹的很清楚。查《國立北京大學歷屆校友錄》中有柴思義的名字，説他來自美國，在英文系任教授。（第60頁，五十周年籌備委員會編，民國三十七年十二月，國立北京大學出版部）胡適序言和北大校友名錄中都寫為「柴思義」，所以《胡適全集》中譯為「柴思」欠妥。下面是胡適序言的全文，原文沒有題目。

序言

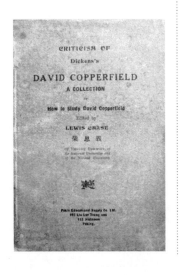

北京京華教育用品公司，請我寫此序言論到我的朋友柴思義（Lewis Chase）先生所以最好的介紹是略述他的歷史。柴思義先生是美國東北角上梅恩省的人，生於1873年。他曾進過五個大學：Rochester，Leland Stanford，Harvard，Grenoble（法國），Columbia。他的三個學位（學士，碩士，博士）都是從Columbia得的。那時候

Columbia大學的文學部負一時盛名；柴思義先生從Brander Matthews 研究戲劇，從George Edward Woodberry研究詩與文學。Woodberry為美國有名詩人及文學批評家，柴先生和他相處七年之久，得力最多。Woodberry在Columbia教授期內，在他手裏得博士學位的只有六人，柴先生居其一；餘五人中，如J.E.Spingarn及Frank Wadleigh Chandler，皆負盛名於文學批評界。

柴先生教學的經驗也是很豐富的。他在美國任過五個大學的教席；又在法國Bordeaux大學任過一年講師；最近三年中在印度Aligarh的回教大學任文學教授。他現任北京大學和燕京大學兩處教授英文學的事。

他的文學研究，最擅長於下列各方面：（1）十七世紀英國的「英雄劇」（English Heroie Play）；（2）英國詩人Swinburne的研究；（3）美國文豪Poe的研究；（4）近代詩的研究。在這四方面他都曾有一些有價值的貢獻。

這一部《散文名著選》是柴先生到中國後編著的第一部書。他取材的範圍是很廣的；從Baccon直到近代的作家。柴先生是一個富於詼諧風味的人，所以他所選的有幾篇是很滑稽的。他也知道中國青年研究外國文學，往往偏重思想內容而不很注意文章的風格與技術；所以他這一部選本一方面很著重思想，例如Newman，Huxley的文章；一方面又不肯忽略文學上的風趣，如Hunt，Lamb的文章。他的排列法是依著歷史的順序的；我們藉此又可以略知英國散文體裁變遷的大

勢。我們很歡迎這部選本，盼望他能夠供給國內研究英文的需要。

一九二二，胡適，在北京大學。

這本書沒有在當時有名的出版社出版，又是教材一類的書，所以不常見到。但從胡適的序言中，我們可以瞭解當時北京大學和燕京大學英國文學的教學情況，對於那一時期在北大和燕京學生的英國文學程度也可以有大體的瞭解，因為那時這兩所學校出了許多對中國現代文學有貢獻的人，瞭解他們當時的學習情況，也就是瞭解一代人的文化視野。

從劉景晨的《中國文學變遷史》說起

北大中文系的學術傳統，可能主要還是文學史研究。我沒有詳細考察過中文系完整的課程設置和教授們的主要研究方向，也沒有與北大中系的朋友交流過，但從平時閱讀的感覺中，意識到他們是有一種文學史研究的傳統。我看過這一本《國立北京大學概略》的小冊子（1933年，非賣品，教務處印刷），在中文系的課程裏，文學史的色彩很明顯。中國文學史就不要說了，其他如詞史、劇曲史、小說史、日本文學史等，比重很大。1946年西南聯大復員北上，在北大的招生簡章中，對北大中文系「文學組」的介紹是：

用歷史的眼光來縱觀中國歷代的文學文學變遷，用活語言的標準來衡量中國歷代的文學結晶品的；從不會領導你走入雕蟲篆刻尋章摘句的小道之中。所以這一組的課程，除著重各時代詩文名著的鑽研與其他各校國文系相同外，北大中文系更特別注重文學史的講述。例如開始必修「文學史概要」一

科，先給你奠定一個廣泛的基礎，以後則為分段文學史的講述。第一段是上古至西漢，第二段是漢、魏、六朝，第三段是隋、唐、五代、宋，第四段是金、元、明、清，第五段是現代文學；以作較為專精的研究。此外更有各體文學專史的講述；如詩史、詞史、戲曲史、小說史等等，以作為更精密的探討。（國立北京大學講師講員助教聯合會編《北大各院系介紹——三十七年》第30頁，非賣品，1948年印刷）

簡章還特別強調：「誰都知道北大是新文化運動的發祥地，現在北大校長胡適之先生更是白話運動的主將，所以常常有許多考生抱著要成為一個新文學作家的理想而投入北大中文系裏來，這誠不免多少有一些認識上的錯誤，因為大學中文系文學組要造就的是文學研究的工作人員，而不專門訓練新文學作家。因為一個新文學作家是絕對不能拋開文學遺產而憑空創作的，所以既使抱著那一種目的而來的學生，也決不會感到失望，反而使他培養成更深沈的態度，更虛心的學習。這裏的習作，自然是以語體為主，也多的是在新文學寫作方面的導師。」

北大中文系的文學史研究傳統，雖然越往後越有變化，但作為學術傳統，它的這個主脈，我以為還是延續下來了。王瑤由清華到北大，很快就完成了他一生中最重要的學術著作《中國新文學史稿》，在延續北大文學史研究傳統方面，王瑤是一個關鍵人物。他過去專治中古文學，有相當好的訓練。

中間經過北大中文系1955級學生集體編著的《中國文學史》（紅皮兩冊，人民文學出版社，1958年9月）和修改後的四冊綠皮本（1959年9月），雖然學術觀點和評價標準發生了變化，但作為一種學術訓練和

學術意識，作為文學史研究傳統的主脈，還是以一種特殊的方式在延續。無論是「紅皮」還是「綠皮」文學史的寫作，都曾受到過林庚、游國恩等前輩文學史家的指導，作為一種學術傳統，在特定的歷史情境下，它的延續方式可能是變態的，但變態的延續中會保留一些東西。

到了陳平原和錢理群他們這一代，經王瑤這個關鍵人物的努力，北大中文系的學術傳統開始往回退，特別是陳平原，他的意識可能更自覺一些。陳平原、錢理群和黃子平最早提出「二十世紀中國文學」的概念，如果從學術史角度觀察，它的動因其實可以解讀為是明確回到文學史研究傳統的衝動，把人為割斷了的文學史研究界限再打通是很自然的事。陳平原往回退，由現代文學向晚清以上回溯，洪子誠則往下走。他的中國當代文學史研究，仔細分析還是北大文學史傳統，特別注意從文學史角度觀察當代文學現象，尤其是文學現象發生的動因和它完整的歷史。雖然對象成了當代文學，但文學史的意識和方法，還是北大的老傳統。

洪子誠在上世紀八十年代不引人注意，但到了九十年代以後，人們發現他的當代文學史研究無論如何不能忽視。古典文學的情況我不熟悉，但現當代文學，到了陳平原和洪子誠這裏，北大中文系文學史研究的傳統就突顯出來了。黃修己《中國新文學史編纂史》（北京大學出版，1995年5月）出版時，這個特點還不明顯，以後再寫類似的學術著作，就不能孤立地就事論事，而要把學術的師承和大學的風格聯繫起來考察。

我這些零散的感想是因為最近看《中國文學變遷史》一書想到的。

這本《中國文學變遷史》是我前年在舊書攤上揀到的。當時我正看戴燕《文學史的權力》（北京大學出版社，2002年3月），這本書非常用力，很給人啟發。但作者可能沒有注意到劉景晨的這本書。中國社會科學院歷史研究所編輯的《八十年來史學書目》（中國社會科學出版社 1984年10月）中提到過這本書，按說是不難找到的。陳玉堂《中國文學史書目提要》，我沒有去查。因為我看過劉景晨的這本書，感覺有相當的意義。最近又讀陳國球《文學史書寫形態與文化政治》（北京大學出版社，2004年3月），發現作者對這本書也沒有注意。因為書恰好在手邊。我就先來說這本書。

這本書1921年12月初版，1933年10月第11版，我這本是11版。署名：劉貞晦　沈雁冰。編輯者：聞野鶴　校訂者：魯承莊　抱恨生發行者：樊春林　上海新文化書社。

書中收入劉貞晦和沈雁冰的論文各一篇。劉貞晦文章的題目是〈中國文學變遷史略〉，署名前標明：北京大學教授。沈雁冰署名前沒有稱謂。沈雁冰論文的題目是〈近代文學體系的研究〉。

劉貞晦就是劉景晨，劉景晨是劉節的父親，劉節就是文革中代替老師陳寅恪挨批鬥的中山大學教授。最近胡蘭成《今生今世》風行，他當年在避逃溫州時，認識了劉景晨，劉先生介紹他到溫州中學教書。

溫州盧禮陽先生是未曾見面的朋友，他近年常常寄一些新印的溫州地方文獻給我。在去年寄來的書中就有一冊《劉景晨、劉節紀念集》（楊瑞津編，香港出版社，2002年10月）。其中馬驊〈景仰劉景晨、劉節兩先生〉一文中提到：「後來在書店裏見到《中國文學變遷史》

這本書，是劉貞晦先生著的，買了下來，當時看不懂，一直存著。但據我所接觸到的有關劉景晨先生的傳記等文章中都沒有提及此書，不知何故。」（11頁）郭延禮〈二十世紀中國近代文學研究學術歷程回顧〉（《文學遺產》2003年第3期）也提到過這本書，主要是説茅盾的那篇。按説，一本印過十幾版的書不應當難找，也許是因為書比較薄的緣故，讓人忽視了。

《中國文學變遷史略》只是一個大綱，約有三萬字左右。但它的重要意義我以為有三點：一是它出版在1921年，這個時間有意義。在這個時間前出版過中國文學史的大約只有林傳甲、曾毅、黃人、謝无量等少數學者。中國文學史寫作在上世紀三十年代較盛，二十年代前就寫過文學史的，都有草創之功。胡適1922年寫了《五十年來中國之文學》，十年後周作人寫《中國新文學的源流》，同年錢基博寫《現代中國文學史》，劉景晨的書比這些都早。二是明確把新文學（民國以後）納入了整個文學史的框架。三是對新文學的發展及與舊文學的關係有深入認識。下面是書的綱目：

第一篇：唐、虞以前的文學

第二篇：唐、虞、夏、商文學

第三篇：周、秦文學

第四篇：漢代的文學

第五篇：魏晉及南北朝的文學

第六篇：隋、唐、五代的文學

第七篇：宋文學

　　劉景晨出身於京師大學堂（1904－1906年），思想開明，見識卓越。他的這個提綱雖然簡略，但卻有一個整體觀念在裏面。他把文學的發展看成是一個整體，發展變化都互相關聯。在講清文學時，他特別強調小說和翻譯的重要性。他說：「同光以後，歐美小說，輸入中國，譯者極多。單說林畏廬氏譯述的就有一百三十多種，他人翻譯及撰制的新小說更是累牘連篇，不勝枚舉了。我國自唐宋以還，用詩賦策論經義八股取士，這種制度的辦法，截直是縮小文學發達的範圍，況且科場程式，束縛的方法極嚴，文人思想受朝庭壓迫，絲毫不能自由了。可是歷代治詩古文辭的人，多少總有幾個。戲曲小說一類的文學還是一代發達一代，也算我國民族中可喜的一回事。自從清季廢八股文試士的制度，文學思想才解放了。再加那時候陸海交通，已經便利，歐美新學說輸入漸多，不但文學界的人思想開通起來，就是一般人民的思想也改變了。所以從科舉停廢之後，不到十年，革命成功，我國文學的丕變，從此真要相始經營。」

　　他還指出：「原來清季治詩古文辭的人，本已不多。後來廢科舉，設學校，各種科學列為課程。學者兼修並進，當然不能照從前的老樣子，專治文學。就是先覺的幾位學者，意在導進文化，著書立說，或刊行雜誌，或登載報章，文應共解，勢須急就，也當然不能給

古文的法度拘束。民國初立，百端未整，不但文學沒有成績可觀，在這過渡時期，雖尚有前清科舉舊人，詩古人辭，本是功深養到的。又有羽翼古文的志士，提倡保存國粹，結社集會，要作個大雅扶輪。不過文化進步，要在通變制宜，現在種種新思想，須叫一般人民共同瞭解，若用古文去發表，不但著述的人不易圖功，就是受讀的人也難領悟。所以近一二年來，有人提倡改用白話文，傳達文化。可以收個因利乘便的功效。這算民國文學變遷的一種動機。可不免有火色太過的人，因此排詆古文，說舊文學簡直可以廢了。但是舊文學的本身，實有種種不可廢的功能。單就譯書一方面說，從前譯著出來天演論群學肄言種種書，學理雖是新的，文詞原來是舊的，一般讀過這書的人，何嘗不用舊文學的功能，得新學理的感化。現在已經有用白話文譯的書，卻不見得那譯筆就一定比用舊文詞好。不過新文學現在還是個草創的，原也不可求全責備罷了。談舊文學的人說，文章要有理趣，有情味，有意節。新文學何獨不然做到好的地步，那理趣情味音節也自然都有了。要在有志文學的人，下一番切實研究的功夫，或是舊文學本有根柢的人，來參預這新文學的改造，這纂拿舊的蛻化出新的，或是主張新文學的人，去摘發那舊文學的弊病，這纂拿新的去矯正了舊的，能夠這樣並力向前做去，民國的新文學就有完全成立的希望了。」（71頁）

他還說：「我們中國自秦以後，文學的變遷，就現在的眼光看起來，成績實是有限，只有察看那歷代文學變遷的機勢，無非在少數文人的社會中，一起一落。現在的變遷，都是要擴大範圍，造成全體國民易知易能的文學了，這不能不說是中國文學變遷史上一種進步的現

象。有志保存國粹的人，也要明白這一點。不好說改造新文學是不該提倡的呢。」（72頁）

對於小說、新詩、戲曲和話劇（文明新戲）等新的文學形式，劉景晨都給出了肯定的評價並預示了這些新形式將來的發展。他說：「詩歌一類的文學，我國歷代有人講究，本來有個淵源，將來只要打破那蕪穢的蕃籬，向自然美好的境界進行，就用白話，何嘗不可登大雅之堂。不過要叫這新詩體真個成立，須不是旦夕的功夫。現在只算個試驗的時期了。」

劉景晨後來沒有成為專門的文學史研究專家。1957年他成了右派，1960年就去世了。但他在盛年時期完成的這本關於中國文學史的專書，卻不應當被人遺忘。因為這本書雖然簡略，但卻體現了作者遠大的文學史眼光。劉景晨在京師大學堂就讀的時候，林傳甲也在那裏。這可以看成是北大中文系文學史研究的源頭，這條線索很清晰，如果梳理下來，可以成為中國現代學術史座標中的一個關鍵點。陳以愛寫《中國現代學術研究機構的興起》（江西教育出版社，2002年10月）偏重於史學，如果以文學史研究傳統來觀察北大中文系的學術脈絡，也許可以看出更多的問題。比如，陳平原近年主編的「文學史研究叢書」（北京大學出版社），將來會顯示出它的特殊意義。

注：據溫州盧禮陽先生提示，劉貞晦是否在北大任過教授還有疑問。

《高魯日記》的價值

日記在史學研究中的價值，正越來越為人認識。一般說來，日記的價值因作者所處的歷史地位而決定。但也有一些日記，作者本人可能並不是特別知名，他們本人的歷史地位也不是很高。但因為他們所生活的時代與重要的歷史事件和歷史人物相關，同樣可以使他們的日記獲得很高的文獻價值。而且因為這為這些日記的寫作者不是歷史的中心人物，他們的日記可能從另外的角度保留更真實的歷史。所以對日記這種文獻而言，可以說日記無大小。關鍵是看你從中取什麼材料。最近看到內蒙古大學出版社出版的《高魯日記》就有這樣的感想。

高魯是一個普通的職業革命家。在中共黨內的地位也不高。1949年以後，他在新疆和內蒙從事文化和宣傳工作。但他的經歷對研究中共黨史、中國現代文學史和中國現代思想史的人來說都有意義。因為他早年在延安魯藝學習，還擔任過文學系的秘書。後來

還到華北聯合大學文學系學習過。更為重要的是他參加了1942年由張聞天負責的晉西北農村調查。關於張聞天負責的晉西北農村調查，在以往關於張聞天的研究中，主要還是以研究革命史的角度來評價，而且旁涉的歷史材料也不豐富。現在有了高魯的這本日記，關於張聞天當年在晉西北農村調查的具體情況，就可以有現場感。因為《高魯日記》的出版，研究者可以把當年張聞天在晉西北所做的關於中國農村調查的經過，從革命工作的視角拓展到學術領域裏來。也就是説，張聞天關於晉西北農村調查的歷史，不但是一種革命工作，而且也是一種學術工作。對於這次調查的方式和成果，應當放在1949年以前許多關於中國農村調查中來觀察，這種調查的人員、思路、方式及最後的研究成果，如果放在中國現代經濟學學術史背景下，可能會有許多新的解釋。

《高魯日記》不但記載了當時參加晉西北農村調查的主要經過，而且對於當時調查材料的來源和統計方式都有記載。對當年張聞天的幾次重要講話也有記錄。雖然張聞天晉西北農村調查的報告上世紀八十年代曾由人民出版社以《神府縣興縣農村調查》為名出版過。但《高魯日記》中記錄的講話肯定是最直接的，至少可以與發表的調查報告相互對比，從中看出張聞天的思想變化過程。關於張聞天晉西北農村調查的具體材料，據《張聞天傳》的作者程中原在書中介紹，張聞天當時直接參加了任家灣和碧村的調查。重點在土地佔有和租佃關係。其他人在張聞天的指導下也寫出了一些調查材料。據程中原説，這些材料都在中共中央1947年撤離延安時銷毀了。這樣看來，高魯的日記就更有價值了。

　　研究中國當代文學和中國當代學術的變遷，離不開對當年魯藝和華北聯合大學情況的考察。因為中國當代文學和學術的變遷中，這兩個機構的重要性是顯而易見的。1949年以後中國文學藝術界的主導力量來自於魯藝。中國學術界的主導力量來自於華北聯合大學。當年曾在這兩個機構中學習和工作過的人，成為負責中國意識形態工作的主要力量。《高魯日記》中恰好有他在魯藝和華北聯合大學學習的記載，雖然簡短，但通過他的日記仍然可以看出一些魯藝和華北聯合大學的學風及文學和學術思想傾向。這些日記可以幫助歷史研究者回到現場，找到在一般文獻中很難產生的歷史感覺。

　　　　　　（《高魯日記》內蒙古大學出版社，2004年1月出版）

由殷海光一本舊作說起

我手邊有一本殷海光的舊作《邏輯學講話》，1943年10月重慶初版，1946年4月上海再版，列在「青年文庫」叢書裏面。這套叢書很大，約有近七十本。多數是很專業的著作，如錢穆《劉向歆父子年譜》、孟森《清史講義》、蕭滌非《漢魏六朝樂府文學史》和劉永濟《十四朝文學要略》等，也有如范存忠《英語學習講座》、陳之邁《讀書指導》等通俗讀物，殷海光這本也屬此類。叢書由當時的「中國文化服務社印行」。叢書的主編是朱雲影、程希孟、趙紀彬。編審委員會有：方東美、馮友蘭、洪謙、陳大齊、宗白華、黃建中、范壽康、湯用彤、梁漱溟、賀麟。

殷海光當時只有二十四歲，本名殷福生。殷海光1942年從西南聯大研究生畢業，本來金岳霖想讓他留校任教，但最後沒有成功，他到印度參加遠征軍，但八個月後因為不適應軍隊生活回到了重慶。這本書可能就

是這一時期寫的。他在序裏説：

> 這本書是為一般人而寫的，我
> 希望它能使讀者多少得到真實
> 的「邏輯之感」以及邏輯學在
> 生活中的引用之確切的體會。
> 為求適合目的，一方面我用了
> 如本書裏所表現的體裁，另一
> 方面我必須從常識出發，因
> 此，這本書內所講的既說不上
> 是古典邏輯學又說不上是現代
> 邏輯學。
> 假若我是忠實於邏輯學，那麼
> 我應該承認因為被這本書底性
> 質所限制，使我在此重大地犧
> 牲了邏輯學的謹嚴。

可能因為是通俗讀物的緣故，殷
海光後來很少提起這本書。我斷斷續續
看過臺灣桂冠出版社出版的《殷海光全
集》，不知道書裏是不是收了這本，但
看國內出版的關於殷海光的傳記，對這
本書也不注意。汪幸福《殷海光與蔣介

石》中提到陶希聖向蔣介石引薦殷海光時，給蔣送了兩本書。其中一本就是「普及邏輯知識」的《邏輯講話》。

這本書是用兩個虛構人物嚴明與石威的對談方式講授一般邏輯學知識，非常簡潔，文筆生動流暢。兩個虛構人物的名字「嚴明」和「石威」，大概是取「嚴密思維」的諧音。從純粹寫作的角度看，這本書展示了殷海光的寫作才能，作為一本普及邏輯知識的通俗讀物，今天還有重印的價值。因為偶然看到了殷海光的這本書，也就想起了一些關於他的研究情況。

好多年前就聽說章清、王中江兩位先生各有一本殷海光傳在臺灣出版，但一直沒有看到。最近國內出版了王中江的《煉獄──殷海光評傳》（群言出版社，2003年10月），應該説是一件非常有意義的事。關於殷海光，近幾年國內有不少人在研究。前兩年湖北汪幸福先後出版了《殷海光傳》和《蔣介石與殷海光》，應該説是國內比較系統的關於殷海光的傳記研究。還有賀照田先生也在從另外的角度研究殷海光。

國內關於殷海光研究的最大問題是沒有完整的資料。湖北雖然出版了一套四卷本的《殷海光文集》，但作為研究使用是遠不夠的。我個人認為，國內研究殷海光局限性還是比較大，因為對這樣的歷史人物，目前的評價尺度還受到較大限制。我所看到的國內關於殷海光的研究成果，都有這樣的問題。雖然可以理解，但必須清楚，有些限制如果不突破，研究就深入不下去。

要研究殷海光，先要研究當年的西南聯大，要研究西南聯大，就要先研究二十世紀的左翼思潮，在這個背景下觀察殷海光的出現就

有了新的意義。關於西南聯大的傳統，目前也還有很大局限，一般來說除了它的革命傳統和學術傳統近年得到肯定外，它的自由主義傳統倒底在多大程度上影響了學生後來的成長道路，一時還難以說清。另外，中國土地上成長起來的自由主義知識份子，他們的特點和最後選擇以及個人的悲劇命運中，倒底有哪些是屬於時代的，而哪些是屬於個人性格和歷史偶然因素造成的。這些東西只有在完全開放的學術研究中才能進行深入探討。殷海光在臺灣的遭遇，可以和比他年長近十歲的儲安平好有一比。在同時代的自由主義知識份子中，這兩位有代表性的自由主義知識份子都曾與胡適有過許多聯繫，但最終在思想和實踐上，他們兩位都與胡適有差異。而殷海光的命運和儲安平的命運也完全不同，殷海光沒有停止思想也沒有停止奮鬥，但儲安平什麼都做不成了。可不可以說，在對時代總體政治文化精神的判斷上，殷海光在離開大陸時與胡適有同樣的眼光，但到了臺灣以後，殷海光卻又重走了當年儲安平的路。沒有能與他所生活的時代達成平衡。

　　歷史有時候要從後來的結果看，思想和政治之間有沒有平衡點要看一個人對時代的直覺。早年儲安平和殷海光都有這個直覺，但沒有把這個直覺保持下去，這方面他們還是都不及胡適。殷海光曾說過一句非常有名的話，說就思想努力的進程而論，他要超過胡適至少一百年，超過唐（君毅）牟（宗三）三百年，超過錢穆至少五百年。他認為這些知識份子在種種幌子下努力倒退，只有他還在前進不已。話說得極其坦誠，但又稍嫌簡單。知識份子的思想如果一味被理想和激情驅使，有時候思維會變得極端，李敖晚年的變化，讓人們對那種完全靠激情思想的自由主義知識份子保持了一些距離。

　　儲安平的時代有《觀察》，殷海光的時代還有《自由中國》。這些雜誌都是他們自己辦的，應該說，作為言論自由的前提，他們得到了相當的空間，但他們在這個空間裏沒有把握好理想和現實的關係。當然責任不在他們，但歷史就是這樣無情。

殷海光早年的一本譯作

我偶然得到一本《哲學與邏輯語法》，商務印書館1946年9月初版，特別標明「中國哲學會西洋哲學名著編輯委員會主編」，當時商務印書館還在重慶。這是邏輯實證主義的一本代表作，作者是卡爾納普，此書的譯者是殷福生，校閱者是王憲鈞。

殷福生是殷海光的原名。當時殷海光把「卡爾納普」譯為「卡納普」。王憲鈞是中國有名的邏輯學家，當時在西南聯大哲學心理學系教書，殷海光是他的學生。

邏輯實證主義，是非常專門的學問，一般人很難瞭解。我所以要提到殷海光的這本譯作，也是想從學術史的角度發一點感想。

上世紀八十年代，凡商務出版的書，我是見到就買，看不看就另說了。我見到殷海光這本譯作後，就從書架上找到相關的書查了一下，發現殷海光這本早年的譯作，在專業領域都被人忘記了，更不要說一般的學術史，這就是學術斷裂的後果。

我先找到一本李步樓翻譯的艾耶爾等著的《哲學中的革命》，其中有專門介紹維也納學派的一節，我對比了其中的相關內容，可以肯定地說，譯者在翻譯這本書的時候，不知道殷海光這本早年的譯作，如果知道，應當作一個注釋，或者說，如果殷海光是最早翻譯卡爾納普著作的中國學者，那後來的譯者應當按殷海光的習慣把「卡爾納普」譯為「卡納普」，多加一字實在看不出什麼必要。

我又找出陳曉山等譯的《卡爾納普思想自述》一書，在書後的卡爾納普著作年表中把此書譯為《哲學與邏輯句法》。特別是譯者在書前的說明中提到本書的翻譯工作得到「北京大學洪謙、王太慶、陳啟偉等教授的熱情幫助和指正」，而洪謙教授就是維也納學派中唯一的中國成員。從學術史角度推斷，他們不可能不知道殷海光早年這本譯作，但在書中，讀者感覺不到中國曾有過對卡爾納普比較詳細的介紹。

杜任之主譯懷特編著的《分析的

時代》專門介紹邏輯實證主義的一章中，重新翻譯了《哲學和邏輯語法》的第一章，並譯了一個注釋：「承倫敦Orthological Institute和C·K·奧登先生允許重印魯道夫·卡爾納普《哲學和邏輯語法》一書的這部分章節，特此致謝。」此是原書的注釋，此節署名「廣華譯，天驥校」。如果譯者知道殷海光的這本書，應當說明，如果不知道，說明學術史的中斷確實是一個事實。雖是小事，但在專業領域，對前輩的學術工作瞭解不夠是不應當的。

國內近年出版了幾本殷海光的傳記，我都看過。印象中也沒有提到殷海光的這本書。王中江《殷海光評傳》中對殷海光早年這方面的學術工作有專門研究，其中提到：「殷海光對邏輯經驗論的引介工作，在上世紀50年代初就開始了。」本書後面列出的殷海光譯著目錄中，也沒有這本譯作，因為沒有見過原書，評傳作者對殷海光早年學術工作的判斷就不準確了。何卓恩《殷海光與近代中國自由主義》一書中，提到這本書，但介紹極簡單，特別是沒有提到殷海光〈譯者引言〉一文。在《哲學與邏輯語法》的〈譯者引言〉中，殷海光不但詳細介紹了維也納學派的簡史和主要研究方向，還在文末開列了七本原文文獻的書名，可以想見殷海光當時的學術訓練。

我沒有讀過臺灣出版的《殷海光全集》，但從國內一些研究者引述的文獻中判斷，這本早年譯作，可能沒有收到全集裏。

讀楊靜遠《讓廬日記》

楊靜遠是一位翻譯家。我過去讀過她的《寫給戀人》（河南人民出版社，1999年2月），那本書是她和戀人間的通信。我研究上世紀四十年代末中國大學生的思想狀況，從中得到許多有力的材料，特別是當時中國大學生為什麼會急劇左傾，她那本書信集中有很生動的例子。楊靜遠還有一個特殊背景，她是楊端六和袁昌英夫婦的女兒，她的父母是當時中國自由主義知識份子圈子中的重要成員。武漢大學在抗戰爆發後到了四川樂山。楊靜遠和戀人的通信時間約在1945到1948年間，這次出版的《讓廬日記》（武漢大學出版社，2003年11月）則是1941年到1945年，恰好是她完整的大學生活記錄，兩本書聯繫起來看，對於瞭解那個時代的青年知識份子是極好的第一手材料。楊靜遠當時的鄰居和老師均為一時之選，所以這本書記的價值是很高的。可惜只是一個選本，據說完整的日記有五、六十萬字。對日記，我以為還

是要完整出版。最好不要刪節，因為誰也說不準哪些材料對誰有用，可以印證什麼事實。有時候越是小事，反而越有意義。早些年山西出版一個晚清秀才劉大鵬的日記就做了節選，最後想用這本日記的人，還得設法再去圖書館查。還有《竺可楨日記》，兩家出版社先後出版了五大冊經過刪節的日記，對研究者來說還是不夠，最後還得出版一個完整的。日記是屬於文獻類的歷史材料，主要閱讀對象是研究者，所以刪節最要不得。為了避諱做一些手腳也沒有必要。像前年出版的《宋雲彬日記》，作了刪節，研究者也看得出來。

這本《讓廬日記》，涉及當時武漢大學許多教授的生活和思想，如是朱光潛、周鯁生等自由知識份子，還有當時的教學和學生的讀書情況（特別是閱讀西方文學作品，書中詳細記載了她當時讀勞倫斯《兒子與情人》的感受）。因為日記是第一手的材料，所以看起來很生動，它的價值一般說來要高過回憶錄好多倍。這本日記對瞭解當時大學校園生

活很有幫助。現在有些小說、電影和電視劇,對當時的大學生活描寫太離譜,就是因為不注意看日記這一類的材料。學生的日記與成人還不大相同,主要是有思想變化。像楊靜遠這本日記,我們就可以從中看到當時的青年學生為什麼會對國民黨失望,而對共產黨產生興趣。通過閱讀日記研究者可以看出許多問題。

研究中國四十年代中國大學生的思想有三種材料比較可信。一是當時出版的年級紀念冊。二是當時的校刊。三是學生的日記。這三種材料對看起來才能還原當時學生的生活,在這方面,一般的回憶錄只能參考。舉一個例子。

張愛玲研究中有一個不大不小的問題,就是當年她參加《西風》徵文得獎的情況。她本人的回憶,研究者如水晶、趙岡對這件事的看法各不相同。這件事最後還是陳子善看到了原始的《西風》雜誌,經過考辨最後才還原了真相。楊靜遠比張愛玲小兩歲,同當時她也是一個文學愛好者,常常給雜誌投稿。她在1942年8月5、6日的日記中記載了當時閱讀《西風》雜誌的感受,並記下了當時徵文獲獎的情況。雖然有個別筆誤,但大體是準確的。這個材料恰好可以對陳子善的張愛玲研究做一個旁證。當時楊靜遠也參加了比賽,可惜落榜了。她在日記中說;「看煥葆借給我的《西風》徵文集。這種文章完全是仿美派的,內容空洞,但文字輕鬆,看起來很舒服,可供解悶。但也不見得寫得十分好,我相信我那篇落第的苦命小說比他們中間的任何一篇不差。」(79頁)對張愛玲的獲獎作品〈天才夢(我的天才夢)〉,楊靜遠的評價是「材料都很好,卻不動人」。這些材料對研究當時文壇的風氣都很有幫助。

研究歷史的人都知道，從相關材料中看出問題不是本事，從沒有關係的材料中發現問題和材料才是本事。作為智力活動，如今學術研究中最少見的就是才氣，因為大家都喜歡從直接文獻中看材料，特別是有了互聯網，更容易偷懶了。

今日《西風》何在？

在舊書市場上，常常可以看到零散的《西風》雜誌，成套的我也在上海和北京的舊書店裏見過，但索價甚昂，一般人是買不起的。

《西風》是黃嘉德、黃嘉音兄弟兩人主編的，請了林語堂作顧問，抗戰前在上海創辦。黃嘉德是上海聖約翰出身，所以大體決定了這本雜誌的風格。它主要是想在中國提倡英美雜誌的那種文體，是一本海派風格的雜誌。黃氏兄弟後來的命運都不好，黃嘉德到了山東大學，黃嘉音被打成右派，死在寧夏監獄裏。

説《西風》是一本輕鬆的雜誌，好像還不很確切，有時它上面也有很重的東西，比如有一期上就有篇〈愛因斯坦論原子彈〉。不過大體説來，它是一本注重趣味和知識的雜誌，對現實生活不取激烈批判的方式，而是真實展示生活的狀態，它特別關心真實的生活，特別是青年的生活，它曾一度徵文要

青年來寫文章控訴教育制度對他們的傷害,《西風》要青年寫出自己對生活的真實感受來。比如張愛玲得獎的那次徵文比賽中,就有一篇凌茵的〈我做舞女〉,作者就是一個舞女,寫出了真實的生活情狀。當時排名第七,遠在張愛玲之上,張愛玲的〈我的天才夢〉只是榮譽獎的第三名。不過張愛玲真是了不起,她那麼小的年紀,那麼短的一篇文章,就讓人記住了她的名言:「生命是一襲華美的袍,爬滿了蚤子。」這個感覺只有貴族的後代才會捕捉到,旁人是無論如何寫不出來的。

《西風》的文章有相當一部分直接從歐美雜誌上翻譯過來,就是漫畫也多摘自《紐約客》和《笨拙》,它的創作也大部出自歐美留學生之手,極重知識和趣味,是給有文化的青年讀的。

我常常想,如今會英文的青年人這麼多,能不能也辦出一本像《西風》那樣的雜誌?想了想感覺還是有困難。因為雖然是一本青年讀物,但因為它的文化趣味和格調,有時還是與我們的習慣不合。陸灝兄在上海辦《萬象》,很得《西風》的真傳,但《萬象》還不是《西風》。蘭州的《讀者》倒是從中國版的《讀者文摘》,但趣味土了些,尤其想教育青年向上,格調就偏了。早年沈昌文先生辦的《讀書》也有一點《西風》的味道,但也還不是《西風》。這三個雜誌的優點加起來,離《西風》就差不多了,但誰有這個本事呢?今天會英文的人不少,但會到林語堂和黃氏兄弟那樣的,又有多少?還得加上漢語好這一條,所以也只能一再感歎昔日《西風》今何在了。

中國誰最早介紹胡塞爾

前一段有個朋友送了我一套湯一介主編的「20世紀西方哲學東漸史」（首都師範大學出版社，2002年出版），這套叢書共有十三本，主要記述西方哲學在二十世紀中國的傳播情況。因為叢書與中國現代學術史相關，涉及的人物和事件是自己有興趣的，我就把這套書都看完了，總體感覺比較粗疏。雖然選題非常好，但因為很多作者並不是在相關專題方面有長年的積累，多數作者主要使用間接材料完成如此大規模的學術著作，我個人認為是不妥當的。比如《現象學思潮在中國》（張詳龍、杜小真、黃應全著）一書中提到胡塞爾時說：「據目前筆者所能看到的出版物而言，中國人正式談及胡塞爾的現象學早至1929年初，即胡塞爾70歲，正在寫作《形式的與先驗的邏輯》一書之時。這就是楊人梗所寫的〈現象學概論〉一文，刊登於《民鐸》雜誌10卷1號，1929年1月出版。應該說，在這方面楊人梗先生處於當時世界的

領先地位。不僅如此，這篇七千字左右的文章的闡釋水準亦頗為可觀。」（該書第12頁）

中國介紹胡塞爾在楊人梗之前好幾年的，至少還有張君勱，時間在1924年，因為作者沒有注意到，有些判斷就不準確了。

當時張君勱譯了德國杜里舒（Hans Driesch）著的《愛因斯坦氏相對論及其批評》（民國十三年，商務印書館）一書，他在書的序言中介紹了當時歐美主要哲學思潮後，特別有一節講述「杜里舒氏與現象學」。

張君勱說：「杜氏哲學之出發點，曰我自覺的有某物；我也有也，某物也，三位而一體者也。我之所能為力者，在此三位一體之關係下，以直觀之方法，發現種種秩序符號。此也，彼也，關係也，相並也，平行也，綠也，酸也。杜氏此種立腳點之由來，則受虎塞爾（Husserl）學說之影響。虎氏者以反抗心理主義著稱。彼以為是非之准，不在此傾刻萬變之心理，而在不易之本性。比之說夕陽西下四字。甲日之夕陽與乙日之夕陽固不同也；甲時之夕陽與乙時之夕陽亦不同也；自觀者言之，甲時之心理與乙時之心理又不同也，此種種不同之中，，而說到夕陽西下，無不瞭解之者，則普通的意義為之也，則不易之本性為之也。此普遍義或曰本性之求得之法，則在直觀（Schau）而已。虎氏自名其學為現象學（Phaenomenologie）」。（該書第17頁）

張君勱這本書並不是稀見的出版物，加上他的哲學家身份，專業研究者應當注意熟悉。這只是這套叢書中的一個比較明顯的例子，類似的情況還有不少。

　　西方哲學在中國的傳播，情況非常複雜。當時中國學術界對於西方的各種思潮都有及時的介紹，那時學術界的情況遠比今天自由和繁榮。各種學術團體的建立，學術雜誌的出版，學術書籍的刊印比較複雜。對當時中國學術界的情況，如果不長年留意和積累，一時下筆很難説得清楚。所以要寫好西方哲學在中國的傳播史，須對當時的學術團體、學者群體、留學制度、圖書索引、出版和雜誌狀況以及大學的課程設置、學報及相關期刊的研究等，有長期留意和多年積累，才可大體明晰。另外，從嚴格的學術規範講，作者對於自己提到的原書和原雜誌，必須親自過目才能有新的發現，只使用間接材料，離真實的歷史會有距離。因為這套叢書中各書的作者都是中國最有名的大學裏的哲學研究專家，所以有這一點感想。

　　中國老輩學者如果要做這一類專題，通常會是在長年的積累之後，方可下手，而且有多少材料説多少話。材料多可以寫幾十萬字，材料少也可以只寫幾萬字而成一本小書。學術著作，不可能大而全，也不可能在大體統一的時間內完成，追求體例的統一、著作數量的大體一致以及完成時間的同步等，只是這些年才有的事。科研經費的短期效應加上書號的配給制度，對中國當代學術造成了極大的危害。如今凡出一本學術著作動輒要幾十萬字，其實真有這種本領的學者很少。正常的學術情況是能寫專書就寫專書，能寫論文就寫論文，能寫小冊子就寫小冊子，能鈎沉材料就鈎沉材料，怎麼可能都來寫專書呢？

再說「現象學」在中國的傳播

拙文《中國誰最早介紹胡塞爾》刊出後，我又把手邊幾本上世紀二、三十年代出版的「哲學概論」一類的書看了看，還發現一些材料。這些材料《現象學思潮在中國》（張詳龍等著）一書中沒有提及。

前文提到張君勱譯杜里舒《愛因斯坦氏相對論及其批評》在1924年出版，其中提到了胡塞爾和現象學。在這之前，張君勱還寫過一篇文章〈德國哲學家杜里舒氏東來之報告及其學說大略〉，發表在《改造》雜誌4卷6號上，這本雜誌是1922年11月出版的。張君勱在談到杜里舒哲學的來源時提到：「『觀』（Lchauen）及『精粹』（Gegnstand）二，自虎塞爾氏得來。」這樣就可以說1922年，胡塞爾和現象學就出現在中國的雜誌上了。

1932年11月出版的王慕寧《教育哲學思潮概論》（華風書店，上海）第五章「現象學派之教育思潮」中，用了26頁的篇幅專門介紹「現象學」。作者把胡塞爾譯為「扶薩

37

爾」。作者說：「扶薩爾，為此派之鼻祖。現任德國福來甫爾姑大學之教授。年達七十餘，元氣尚健。集全世界之年少哲學家，以講演現象學。著有《論理的研究》，《現象學之理念》等書。」（147頁）本章共分為五節：

第一節「何謂現象學派」。共講了三個問題：「第一、現象學（Phaenomenologie）。第二、現象學派之地位。第三、現象學的思潮之源流。」

第二節「現象學之概念」。共講了兩個問題：「第一、現象學者，先驗心理學者。第二、現象學者，認識之形而上學也。」

第三節「現象學之要點」。共講了四個問題：「第一、現象學之方法。第二純粹意識（體驗）論。第三、純粹意識之構造。第四、作用與內容，及內容與其同一性。」

第四節「現象學派之教育思潮」。共講了兩個問題：「第一、現象學的教育學派。第二、克氏之教育學說。」

第五節「現象學的教育學說之批評」。共講了兩個問題：「第一、優點。第二、缺點。」

1934年3月，范錡《哲學概論》列為當時商務著名的「大學叢書」中出版。在第五章「認識論」的第六節「認識本質之問題」中，單列一節，用了近4頁的篇幅專講「現象論」。范錡把胡塞爾譯為「佛塞爾」。並在注釋中注出了胡塞爾《論理學研究》的原文。（108頁）

1945年4月，李長之出版《西洋哲學史》（正中書局，重慶），在第七章「哲學界現勢——唯心論之繼續發展實證主義新實在論」中，也提到了胡塞爾和現象學，就用了現在的譯名（172頁）。

1942年4月，關東出版社出版了一本《哲學入門》（沈飛達著，桑春明譯，大連）原書沒有標明原作者名字的原文。這本書的第一章「認識論」中的第三節：「實在論、觀念論、現象論」。對胡塞爾和現象論都有介紹。作者把胡塞爾譯為「福沙啊」（20頁）。

作者在介紹胡塞爾的時候，還特別提到了海德格爾和他的著作《存在與時間》（91頁）。作者譯為「海逮葛」。《現象學思潮在中國》一書介紹海德格爾在中國的傳播情況時，提到的最早文獻是熊偉先生1942年發表在國立中央大學《文史哲》季刊第1期上的文章，時在1942年。現在看來，同年還有另外的人也注意到了海德格爾和他的著作。

　　據我所知，那時中國出版的關於西方哲學的介紹性著作相當豐富。一般來說，在這些著作中，提到當時西方哲學家和哲學思潮的情況是很正常的，張君勱、張東蓀、沈有鼎這些大家的著作就不說了，就是一些不知名的作者寫的書中，也常有些材料。如果這些材料盡可能完整地梳理出來，對於研究二十世紀西方哲學在中國的傳播是有好處的。

讀《顏惠慶自傳》

職業的讀書，有時候很累，因為不是以趣味為主。最好的讀書是以趣味為中心，沒有任何趣味以外的目的。我對中國近代的外交傳統有一點興趣，但從來沒有想過做這方面的研究。過去看顧維鈞的回憶錄，多少知道了一點中國的近代外交。這樣的書多看幾本，一般就不會上歷史教科書的當了，因為歷史當事人的自述多數都有根據。中國近代的外交家，一般都有世界眼光。他們對中國問題的看法，相對其他人總要深刻一些。

最近看新出版的《顏惠慶自傳——一位民國元老的歷史記憶》（顏惠慶著，吳健雍、李寶臣、葉鳳美譯，商務印書館2003年3月出版），非常喜歡。一本傳記能讓人產生這樣的感覺，在我讀書經歷中還不多見。顏惠慶是晚清到民國的著名外交家，一生經歷的歷史事件很多。他眼中的人物，很多影響了中國近代歷史。他這本自傳原來是用英文寫成的，只寫到1941年底。顏惠慶1950年在上海去

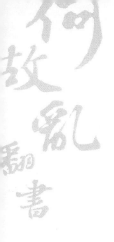

世，是一個曾受到新時代禮遇的歷史人物，大體上類似於章士釗、張元濟那樣的人物。

近代中國外交的成果，主要得自於五位個人。一是孫中山，他設計了總的方案。但實際折衝外交問題的是顏惠慶、顧維鈞、陳友仁、王正廷四位。他們都在外國受過教育，並都熟悉外國的政治經濟情形。顏惠慶富於西方的外交經驗，王正廷在做巴黎和會代表時，曾對西方的外交奧秘，得到一種深刻的觀察。陳友仁生在英國並在那裏受過教育。

多看這些人的書，對狹隘的民族主義會增加一些免疫力，因為這些人最知道事情的原委，很少情緒化看問題。

顏惠慶的自傳在專業領域，肯定是一本重要的書，但對一般讀者來說，它也是很有啟發意義的。作者是老輩文人，談歷史，看人物，都能出以公心。對自己經歷過的歷史非常負責，對歷史人物極有瞭解的同情。在他筆下，民初袁世凱以後的幾位總統，顏惠慶都曾打

過交道，對他們的能力和人品都有一些評價。這些評價，能讓讀者多少體會到歷史的真相，因為他的看法差不多都是正面的，特別是對袁世凱的看法。歷史人物的臉譜化，曾是不負責的歷史教科書根據某種要求塑造出來的。顏惠慶這本自傳的意義，在一定程度上可以說是對中國近代史的另一種評價，他眼中的歷史不受意識形態的制約。

中國有了現代意義上的外交以後，外交的特點是自成格局，特別是在軍閥時代，因為他們只顧自己的利益，客觀上給了外交相對的獨立權。那時，中國的外交政策，差不多完全由一小部分很熟悉國際公法有外交經驗及通曉國際情形的人物所決定。這些外交官員許多是中國教會學校畢業的，有幾位還在美國、英國或其他歐洲國家大學裏得到過高等學位，他們都能操一國或幾國語言。內閣和黨系可往復調動，各省也可任由以前的土匪去當政，可是外交部同外交官員，卻始終是在這種留學階級的青年手裏。他們曾在巴黎與華盛頓會議裏，聲訴本國的怨嫌。他們決心要努力達到中國應受主權國待遇的原則。當時有一位美國人曾說過：「要是中國政府的其他各部，都能顯示像外交人員所常顯示的才能，尤其在這十年中，中國便將成為世界大國之一了。」

顏惠慶就是這些外交家中的一位重要人物。除了外交方面的貢獻外，他在成為外交官以前，與他在聖約翰書院的同事編輯了《英華大辭典》，1908年由商務印書館出版。這是中國早期英漢辭典編纂史上的重要成果。顏惠慶四十年代寫這本自傳時提到此事，還有再修訂這部辭典的願望。我平時有收集老英漢辭典的習慣，這兩大冊辭典就在手邊，看到自傳裏提到有關這部辭典的事，就隨手翻翻，也很有趣。

前幾年我看過顏惠慶的三大冊日記，也是由英文譯過來的，上海檔案館為此事費了很多力，非常不容易，可惜做過刪節。而刪除的一個部分，這次在他的自傳中作了幾頁附錄，主要是1949年初，顏惠慶受李宗仁委託，先到北平再到西柏坡訪毛澤東和周恩來尋求和談的情況，從中可以看出時代轉折中各類人物的不同理想和心理矛盾。我對比了這幾天的日記，想不通為什麼原來要刪除。因了這個刪節的因素，我推想《顏惠慶日記》可能還有地方動過手腳。在整理歷史文獻時，這些辦法其實都是最要不得的，因為日記裏的歷史事實，它的價值對每個研究者來說是不同的，就是純粹的私事，也不能説就沒有價值，關鍵是看誰來看，看什麼，整理者很難判斷，最好的辦法還是保留全貌。

陳師曾的《中國繪畫史》

我在北京隆福寺的中國書店裏看到一本陳師曾的《中國繪畫史》，是1934年的初版本，由天津百城書局出版。陳師曾的這本書有兩個版本，早期的那個是他的一位弟子俞劍華記錄，1926年由山東濟南翰墨緣美術院印行，這個本子我沒有見過。我本來以為書店會要個大價錢，但想不到的是特別便宜，不過是現在一本普通新書的價格。陳師曾是陳寅恪的哥哥，現代有名的書畫家。

2001年，我在美國周啟博家裏見過他的一幅畫，周啟博是周一良先生的兒子，他的這幅畫是周一良先生家裏的東西，他家裏當時還掛著一幅傅增湘的對聯。同年我在香港還見到過一本陳師曾的詩集，名字一時記不起來了，印象中是香港六、七十年代的書，可惜當時沒有買下。

我見到的這本《中國繪畫史》是陳師曾在北京美術學校教書時的講稿，由他的學生蘇吉亨記錄。那時陳師曾已去世，所以書前

有「紀念陳師曾先生」的題詞和他的一幅墨荷，那幅畫的風格，和我在周啟博家裏看到的陳師曾的畫非常接近。這本書的書名是李金藻題寫的，李是當時天津有名的文人，做過河北的教育廳長和圖書館館長。書前有趙光宸一篇序言，這個趙光宸是周恩來早年在天津時的朋友。我到網上尋找蘇吉亨的材料，看到孔另境一篇文章，其中提到李霽野的一個回憶說：「解放以後，我才知道女師院的美術教師蘇吉亨是被捕鎮壓的國民黨特務」。那時這樣的事常常發生，根據一般常識推斷，冤案的可能性極大。

　　陳師曾這本書，在中國繪畫史研究上是一本開山之作，以後同類的著作在材料和見識上能超過它的極少。我對中國繪畫史是完全的外行，但讀了陳師曾這本書，一個突出的感覺是老輩中國學者的學風實在是好。他們的研究看起來字數極少，但內容卻極為豐富。就文字說，陳師曾這本《中國繪畫史》放在今天是夠不上出一本書的，因為只有幾萬字。但這是一本經典，可以說沒有一句廢話，句句落在實處。正如蘇吉亨序言中所說：「先生悲繪事之淪渙，憂師承之不明，因述《中國繪畫史》一書，以明授受之淵源。故頗自謙抑，自謂短篇小冊，半爪一麟，不能博引旁證，搜求宏富。然識者論之，則謂綱領所在，已提挈無疑；始於伏羲記數而畫卦，蒼頡造字以象形，且對歷代繪事之盛衰，各朝之沿革，畫家之派別，繪事之本末，無不詳為臚述，誠為後學之先導，問道之津梁也。」

讀《歐美漫遊日記》

我平日讀書很留意日記一類的東西，因為日記相對其他史料，真實性稍高。特別是在網路時代，如果一個人寫文章只用網路的材料，至少在趣味和眼界上，讓人感覺不出讀書的味道。我認為，文章不論長短，如果沒有高明的見識，總要有一兩條新材料，才像個文章，那怕是一則有用的資訊也算。網路時代的所謂讀書，是很能騙人的。如果文章裏沒有新材料，多半是依賴網路完成的，我想以後觀察讀書人的標準可能會發生變化。

今年我在北京訪學的地方，離網上書店布衣書局原來的總部很近，所以我也常去看看。雖然收穫非常有限，但有時候也能看到自己喜歡的東西。有一次看到一本《歐美漫遊日記》，索價五百元。我在書店裏幾乎看了一個下午，本來決定不要了，但想一想，書這個東西和其他還不一樣，再貴，它最後還是在自己手裏，就是送了朋友，也會知道

它的落腳處，萬一需要用的時候，再找也方便，最後還是要下了。

這本日記是抗戰前的1935年，天津有名的啟新洋灰公司的創辦人陳一甫環球旅行時，由他的小兒子陳達有逐日記下的，這個小兒子是當時唐山交大畢業的，當時只有二十多歲。日記為1936年的自印本，線裝一冊。日記所敘主要是旅行的感受，對於今天中國人瞭解那個時代的西方社會，有很重要的參考價值。關於陳氏父子的情況，網上可以隨便查到很多，但從沒有提到這本日記。

任何時代的真實記錄，時間都會使它產生意義，這就是歷史。我們看這本日記，可以瞭解當時上流社會的日常生活，特別是在旅行的時候，他們關於生活細節的記錄，是瞭解那個時代最真實的材料。比如我們從這本日記中可以知道當時上海最豪華旅店的價格和相關的設施，這些東西有時候我們從專門的經濟史研究中反而不一定看得清楚，但日記裏的記載比較感性，也比較有趣。

　　日記的價值，一般體現在人和事上，特別是人。這本日記涉及較多的是當時的駐外使節，因為陳氏父子是國內有名的企業家，所以每到一地，都有中國的外交官和他們交往，有時候也能遇到恰好在外國訪問的知名人士。比如陳氏父子在倫敦的時候，就有兩次和剛從俄國到英國的梅蘭芳遇，還有一次遇到了當時也到倫敦的胡蝶、周劍雲夫婦，還有熊式一。另外日記中也常常有一些感慨。比如將要結束這次旅行返回中國時，他們先到了東京。在參觀了東京的多處名勝後，日記中有這樣的記載：「至聖德紀念繪畫館，佈置甚精美，壁畫數百幀，多關日本史跡。內有甲午之戰、日俄之戰者多幅，令人深喟。雖勝敗兵家常事，戰敗非恥，然不振斯可恥矣。當時俄國與我國同一戰敗，方今兩國地位果何如乎？遇男女小學生多人參觀，男生均平頭著黑色制服，女生則白衫黑裙，質均粗劣。小學生俱不失堅苦耐藶精神。東京為日本首都，東西文化薈萃之地，而其原有美德決不因外物之誘惑而更改，此實為日本勝於歐美之處，而我國所亟需取法者也。」類似的感慨還有許多，如果這本日記能重印一次，對於研究相關的歷史還有價值。

讀《無錫唐桐卿先生專祠文錄》有感

在舊書市場上看到兩冊線裝《無錫唐桐卿先生專祠文錄》，回家到網上查看了一下，知道這位無錫唐桐卿先生一生的功業。這位唐先生在《清史稿》中有傳，前幾年唐師曾很受媒體的關注，他曾在一本書中詳細回憶過他家祖上的光榮，可惜沒有提到這本《無錫唐桐卿先生專祠文錄》，這位唐桐卿就是唐師曾爺爺的爸爸。此類家印的紀念文集，我過去也曾看到過一些，但沒有特別在意，只是有一年偶然看到一本《夏承楓教授公葬紀念冊》，使我對這一類的文字多少有了些興趣。

《無錫唐桐卿先生專祠文錄》為仿宋聚珍版式精印，是家印本，上世紀二十年代年代初印成。關於這本書的詳細內容，網上可以查到很多，我就不多說了，我產生的是另外一種感想。

1919年，在中國現代歷史上是關鍵的年代。如果我們簡單地從書本上瞭解歷史，會

以為從這一年開始，中國社會的方方面面都開始改變，其實，歷史沒有那麼簡單。

從《無錫唐桐卿先生專祠文錄》中可以看出來，在這個歷史的關鍵時刻，社會還是在按傳統的習慣運行。無錫唐家是名門望族，唐桐卿是晚清出名的善士，到了北洋時期，政府表彰他的功績，選擇的還是完整的傳統形式。這種家印的文獻，常常不進入正式的圖書流傳系統，因為印量不會很大，流布的範圍有限，相對其他文獻更為珍貴。

家印的紀念性文集，一般說來其中難免會有些應酬性的東西，但這種家印本的最大好處是準確性比較好，所以在瞭解前代歷史人物的文獻中，這種家印紀念文集的價值是很獨特的。另外因為凡能印得起這些類紀念性文集的家族，通常都有較為廣泛的交遊，特別是一些地方望族，會請很多社會名流來參預這一類事情，這樣就使許多社會名流的創作和書法以特殊的方式流傳下來。在《無錫唐桐卿先生專祠文錄》中，

我們可以看到的除特別知名的人物外，還有其他軍政要員和各界人士如曹汝霖、閻錫山、熊希齡、陸宗輿、齊燮元、倪嗣沖、趙爾巽、趙倜、張敬堯、盧永祥、鈕永建、張作相、李純、王寵惠、陳耀先、王輯唐、朱慶瀾、尤桐、周樹模、樊增祥、蔡元培、黃節、董康、傅增湘、周學熙、張文藻等。這種傳統是保存文化的一種重要方式，也是歷史文獻中的重要部分，如果能有意集中收集，不論是名門望族，還是布衣寒士，凡家印的紀念文字，對於後世歷史都是有意義的。

「專祠」類似於後世的個人紀念館，我不知道無錫唐桐卿先生的「專祠」如今是否安在？但《唐桐卿先生專祠文錄》還是保留了下來，任何建築都可以在特殊的年代以特殊的方式隨時消失，但沒有人敢保證一本書可以被毀棄的片紙不留，這就是文字的力量，這就是歷史的價值。

江紹原的一本藏書

舊書攤上的經歷，有時候想起來很令人欣慰。我有一年在北京看舊書，見到一本光緒二十七年印刷的丁福保編的《衛生學問答》。拿起來翻了翻，看到是江紹原的一本藏書，就要下了。上有毛筆題寫：「紹原十九年三月得自北平舊書攤上」。蓋有江紹原的印章。當時的想法不是要看這本書，也不是因為是江紹原的藏書，而是因為江紹原上世紀五十年代初曾在山西大學教過書，那時我正著意收集外省學者與山西關係的史料。

過了一些年，等我有心情整理舊書的時候，細細看了這本書，感覺非常有意思。江紹原在中國民俗學方面的貢獻早有定評，他是比較系統使用西方民俗學理論研究中國文化的學者。我手邊還有他的一本《中國古代旅行之研究》，這本書可能也是研究中國古代史的人都要看的。江紹原此書主要考訂中國古書中常提到的玉瑞和祭玉兩種玉器，一般認為那是皇帝使者的職權象徵物和祭祀之

玉。而江紹原認為那是古人旅行時身上所帶的辟邪禦凶之物，是具有法術功用的寶物。我基本沒有這方面的知識，但能感覺到老輩學者的學術趣味。下面再說丁福保的這本書。

丁福保在近代介紹西醫進入中國方面，做過重要貢獻。吳葆真當年為著名的「丁氏醫學叢書」寫序時就説：「後世之作醫史者，推論醫學界改良之鉅子，舍仲祜其誰」。曾科進為《漢譯臨床醫典》作序也認為「論我國改良醫學者，丁君為第一偉人。」這本《漢譯臨床醫典》是日本人寫的，我也買到過。

丁福保《衛生學問答》雖然是一個通俗讀本，但我以為對於研究西醫中國傳播史很的意義，其中有兩問專門講這方面問題。這本書的序言之一是無錫人楊模在山西武備學堂任上寫的，閻錫山1902年進入這個學堂，那時楊模已經回到無錫辦埃實學堂去了。楊模當時聘請近代著名算學家華蘅芳為總教習，丁福保教算學。丁福保曾説過，他的算學知識得自於華氏兄弟。後來是京師大學堂的創辦人張百熙將丁福保請入譯學館，做了算學和生理學教習。

《衛生學問答》最早是1900年由山西武備學堂刻印的，我看到的這本封面標明1905年在「上海科學書局印行」，已是洋裝書了，版權頁上注明此書是在日本印刷的，丁福保和楊模都曾到過日本。

去年春節前，我在中科院自然科學史研究所聽過金觀濤和劉青峰兩先生的一次演講，主題是從「格物致知」到「科學」、「生產力」，是他們近年所做的知識體系和文化關係的思想史研究。他們用資料庫檢索證明，1900年前，「科學」一詞在中國還很少使用。他們主要以中國文獻為主，考察現代漢語中有關「科學」論述的出現頻

率，揭示中國現代科學觀念形成的機制。他們提出的結論是：在二十世紀初廢科舉、興辦新式教育之前，因為科舉制的存在，使中國士大夫不可能廣泛接受用「科學」一詞譯science。

從丁福保《衛生學問答》驗證他們的判斷，非常準確。因為這本1900年完成的書，在1905年重印時，雖然封面上已出現了「上海科學書局印行」的字樣，但在書中幾處凡意思為「科學」的地方，還是用「格致」。比如其中有一問是「問：格致學何以有裨於治心。答：格致學所以推闡事物之理者也，假如前事與後事有相應，一物與他物有相關，人苟深求其相應相關之理，則能明決於萬事萬物之所以然，故欲練心才，須從所聞所見所知者得一總理，再將後來之事試驗，果與此總理相貫否，如此慣於講求，明決之心，自然生矣。」

如果一個學術判斷，能從另外看似不相關的材料應證，說明這個學術研究的結果是靠得住的。

老版人名辭典

辭典編纂本身是一種文化現象，對這種現象的研究，在歷史學當中，應説有非常重要的位置。按照華勒斯坦的説法，一種學科的建制化完成，通常要具備兩個條件，一是大學裏有沒有相應的教授位置，二是進不進入圖書館的檢索方法。我想這在兩種條件以外，有時候可能還要考慮同時代相關辭典的收錄情況。因為一個歷史事件或者一個歷史人物的重要性，有時候可以從當時的相關辭書中發現它的位置，那是他們進入歷史的開始。一個基本前提是承認在現代社會中，辭典的編纂是文化積累和承傳的一個重要方式，這個方式本身受意識形態影響，比如文革中《新英漢辭典》或者《新華字典》的編纂與修改。但在過去，相對來説，辭典編纂中意識形態的影響不是很重要。作為一種文化承傳方式，辭典編纂本身所具有的中立性已經得到確立，也就是説，這種形式只承擔知識承傳方面的責任，而不負責評價歷史。

在舊書市場上，辭典的流通不是很普遍，因為它的價值，一般只有專業人士才能看得出來。還有一個情況是辭典作為工具，它的最好去處是圖書館，越是大的辭典，在圖書館出現的機會越高，而在個人手很少出現，所以在流通方面，它的出現概率也較底。而我認為，重要的辭典是保存歷史的有效方法。我十幾年前就買過唐鉞等前輩編輯的《中國教育大辭書》，我以為對於研究近代以來中國的文化、教育和科學事業，這本辭典應該是必讀書，其他類似的東西還有很多，專業方面的辭典也有同類的功能。

我還買到過一本1919年由日本人田原天南負責編輯的《最新支那官紳錄》。雖然是用日文寫成，但因為大部分文字都是漢語，就是不諳日文的人也還看得懂。這本辭典對於瞭解當時中國社會重要成員的情況很有幫助，因為是同時代出版的辭典，相對來說準確度較好。這本辭典是由當時在北京的支那研究會負責編輯的，主其事者是田原天南，他曾作過日據時代臺灣一家報紙的記者，編過著名的《臺灣史料》。

不是說所有進入辭典的人都可以成為重要的歷史人物，因為事情是變化的。但一本辭典的完成，對於當時來說，能不能進入卻也是一個觀察歷史人物的重要角度。我們看《最新支那官紳錄》，雖然它的收錄條件有自己的標準，但重要人物一般不會遺漏。歷史的趣味常常可以從辭典中看出來。上世紀二十年代初，那些後來對中國社會發生重要影響的人，還都沒有進入這本辭典。而那些進入這本辭典的人，多數後來都不重要了。辭典裏有陳獨秀，而沒有毛澤東，有許壽裳，而沒有魯迅，有錢玄同，而沒有胡適等等。可以有許多解釋方法，但

不論哪一種解釋，都不能改變歷史的趣味。在活的歷史中，沒有永遠的大人物，也沒有永遠的凡人，時間會改變每個人的位置。

王曰倫的一篇論文

王曰倫是中國著名的地質學家，在他的專業領域貢獻很大。對於他的專業，我一無所知，但我過去看有關丁文江、翁文灝和楊仲健等老輩地質學家的書時，記住了這個名字。如今已是網路時代，關於他的情況網上很容易查，我就不多說了。我能記住這個名字，是因為他是上世紀二十年代山西大學畢業的，與我的家鄉有關。我自己雖然祖籍不是山西人，但在山西出生長大，工作至今，平時非常注意收集近現代的山西文獻。我前些年編過一本《舊時光──1949年前外省學者筆下的山西》（山西古籍出版社），雖然積累的時日不是很長，現在看來還可以補充很多東西。我編那本書非常用心，因為我對這種事有興趣。雖然現在是新時代，但我個人的趣味是向後的，對新東西很難發生興趣，而對舊東西卻極有感情。在文化上，我好象是凡舊的都好，就連過去一些企業比如上海永安公司編的雜誌，我感覺都非常有文化。

中國老一代的科學家文章都寫得很好，所以我在舊書市場上特別注意看科學家的東西，對文學家的東西，因為關心的人太多，幾乎所有關於文學的書現在都成了文物，我也就不去理會了。別人看文學，我卻要看科學，因為這類書在舊書市場上沒人太注意。我收集到這類東西，看過就送人，而且總能送到最需的人那裏。我前年看到黃汲清的散文集《天山之麓》，最後送給了黃先生的小兒子。我還找到過中國有名的林學家傅煥光譯的《改進中國農業與農業教育意見書》，這個東西方很難見到，但我把它送到了傅煥光女兒的手裏，這種書只有到了自己家裏才顯得珍貴。還有楊仲健早年自己印的《記骨室文目》，現在恐怕是很不易見到的東西，但我也想把它送出去，只是還沒有找到機會。

這次看到的是王曰倫1938年發表在《地質彙報》32號上的一篇論文的抽印本，名字是〈湖南寧鄉鐵礦地質〉，我在網上查了一下關於王曰倫的傳記材料，好像都沒有提到這篇論文，這篇文章是王曰倫和劉祖彝、程裕琪合作完成的。由當時的經濟部地質調查所、國立北平研究院地質學研究所出版。我知道寧鄉這個地方，因為是劉少奇的老家。這篇論文是非常專業的，但我翻看了一下，感覺它還是有非常重要的文獻價值。至少對研究中國地質學史和中國探礦史是有用的，對於寧鄉來說，它的重要性更是不言而喻。雖然是科學家的專業著述，但文字清通，而又不乏文學意味。比如：「大霧頂之東南又有支脈為太子山、雪峰山及龍王潭一帶諸山地，因山勢險峻，故時有匪類盤踞期間。……雲臺山南，梨塘以北，又有觀音山，馬虎子侖諸山，屹立於溈水北岸，尖峰參差，度多在470公尺以上。……西家侖礦區之北

為益陽之澤上沖，水向東北流，夷為寬谷。谷旁之山突起為東北——西南方向，與磬子侖之山脈並行，中界一谷，楓樹坳之鐵礦在焉。」很有《水經注》的味道，前輩科學家的文學素養於此可見一斑。

我見到的這本論文上有王曰倫的簽名：「家駒兄指正，弟王曰倫」。這個「家駒」是不是「千家駒」，我不敢肯定，因為老輩科學院家裏，印象中叫「家駒」的人很有幾個。但千家駒那個時候在陶孟和負責的北平社會調查所，至少有這個可能。王曰倫的字是鋼筆寫的，比今天許多書法家的字漂亮得多。

《夏承楓教授公葬紀念冊》

前幾年寫過一篇關於夏承楓的小文，寫那篇文章的時候，只是看到了夏承楓的一本著作。後來又看到一本《國立中央大學圖書目錄》（1943年印刷，線裝一大冊）。因為是中央大學自己圖書館的藏書目錄，所以對中大教授的著作收羅完備。南京徐雁先生是藏書家。我一向認為寶劍當贈英雄，所以就把這本目錄送了徐先生，因為他比我有用。就是在這本目錄中，我又看到了夏承楓教授著作的目錄，才知道他在中國教育行政研究方面的貢獻。說來也巧，2004年春節過後不久，我看新到的《舊書交流資訊》，在上面的「轉讓資訊」中突然發現山東一個人要出售一冊《夏承楓教授公葬紀念冊》，索價220元。因為我想進一步瞭解夏教授的生平和學術研究，就要了這本書。收到書後才瞭解當年夏承楓教授在中國學術界的地位。他生於光緒24年（1898），民國24年就因病去世了。只活了38歲。他去世時，正是羅家倫長主政

中央大學，他的喪事辦得特別盛大。墓表由羅家倫撰，吳梅書。紀念冊近百頁，前面有照片多幅，可看出當時喪事的場面。在送輓聯和賻金的名單中，可找到當時眾多的社會名流和學術界人士，如朱自清、宗白華、楊亮功、何炳松、陳鶴琴等等。

我過去對此類紀念冊也多留意，朋友們也送過我幾冊。此類文本，我個人認為是學術研究中比較重要的材料。因為是家屬和親友當時編就，一般說來準確度是很高的，另外從輓聯、賻金名單中，可以看出學者的交遊。此類紀念冊還有一個重要意義是它所提供的經濟史材料。

我們知道紅白事中最能看出一個時代的經濟狀況。此類紀念冊一般都有開支明細，從這個明細中可瞭解當時的物價和消費情況。比如從賻金的數額就可以看出交情的深淺和當時教授們的生活水準。本紀念冊所列賻金一般為三、四塊大洋，最少的一塊，最多的二十塊。比如盧前、楊家駱是夏承楓的親戚且交

情很深，就送了二十塊大洋。陳鶴琴、舒新城送了十塊。公祭活動中，開銷最大的一筆是紀念塔，用了三百塊大洋。我在紀念冊前邊的照片上看到那座紀念塔，真是非常高大，分為塔座和碑身兩部分。旁邊的題詞是：「豐碑屹立，華表千秋」。可以想見其氣勢。教授一個月的薪金可以辦這樣的事，是當時經濟生活的最好例證。

夏承楓

比較起來在單項開銷中，照片一項是相對較高的，用了十九塊多。人力和吃飯最便宜。當時夏承楓家可能在一中，他的墓地在南郊，我沒有問過南京人這個距離有多遠，但照常理推斷不會很近。當時幾項車力中最多的一項是「十八號早由一中往墓地計卜姚沈三先生及兩工人」，用了一塊大洋。「市府樂隊汽車」用了八塊大洋。吃飯也便宜。「工人點心（中飯因廚房未備改為購燒餅麵食等計十一人），費用一塊錢。」「浙東會館賞號（內有中飯用柴用水等）」。用了兩塊多錢。陳明遠先生專門研究過民國時期中國文化人的收

入，我也曾留意過當時北大、清華及燕京大學教授的薪俸表，他們的收入一般在三百塊大洋左右。再比較夏承楓教授公葬費用的開銷，可以想見當時中國知識份子的經濟地位，也反映了當時的貧富差距。這些材料有時候比正規統計年鑒中的數字更生動，也更有真實感。

夏承楓1935年8月23日去世，有二子三女，如果今天還健在，多已是近八十歲的老人了。

想起一個老朋友

我在北京東四的舊書店裏看到一本書，周昌壽的《相對律之由來及其概念》，猶豫了一會兒，最後還是買下了。這種書我根本看不了，但我在晉中師專讀書的時候，有一個朋友對愛因斯坦和相對論有很大的興趣，看到這本書使我想起了這位老朋友。

周昌壽是中國著名的物理教育學家，後來商務出版的物理教科書多數與他有關。他是留日的學生，後來組織中華學藝社。這個團體為中國現代科學的發展做了很多工作，特別是在科學與人文學科的結合方面，提供了許多經驗。可惜周昌壽1950年就在上海去世了。前一段我在新創辦的《科學文化評論》上還看到過范岱年先生一篇專門研究這個社團的文章，他的父親范壽康當年也是這個學術團體的主要參與者。周昌壽的書是1923年作為「學藝叢刊」的第一本出版的，也可能是中國第一本專門介紹愛因斯坦和相對論的專書。明年是相對論創立一百年，我

以為在紀念活動中，應當記住那些多年來為科學和民主在中國旅行貢獻了心血的前輩。

周昌壽這本書雖然只是一個介紹性的文本，但書後卻開列了相當專業的歷史文獻。在書中他還介紹了中國人是如何最早得到關於愛因斯坦和相對論的資訊的。如果將來要寫一本「相對論中國傳播小史」，這本書可能最關鍵了。近年重印的書中多是文史著作，其實早年有些關於自然科學的讀物，也有重印的價值。

上世紀八十年代，大家對知識非常渴望。社會風氣崇尚讀書和求知。榆次是山西中部的一個小城，雖然離太原很近，但文化人很少。八十年代這裏一下出了兩個名作家鄭義和柯雲路，社會風氣一時得以改變。我的這個朋友叫張海龍，曾和柯雲路是一個車間的工人。他在師專讀得也是英語專業，畢業後在榆次錦綸廠子弟中學教書。他那時年紀也不小了，但還沒有結婚。他追求過他一個同學，但最後沒有成功，我與他交往的那一段時間裏，他剛從嚴重的失戀陰影中走出來。他的同學都知道，他對愛因斯坦和相對論極有興趣，可能用在這方面的精力比讀英文的精力要多得多。他對愛因斯坦的興趣雖然很大，但他是一個奇特的人，他不相信相對論，他認為相對論是錯的。那些年裏，他為自己的研究倒處求人，四處拜訪科學家，但最後也沒有結果。他是一個非常聰明的人，但在這個問題上可能有些走火入魔，誰也勸不住。一個偏遠小城裏，對知識和精神生活有興趣的人不是很多。我與他的相識，也是因為大家對一些精神生活有共同的興趣。當時我也認為他是胡鬧，但他最後是不是放棄了自己的想法，我也不知道。

　　多年之後，我慢慢想來。感到一個社會正常的知識傳播方式，其實對人有極大的影響。他比我差不多要大十歲。他上學的時候，已談不上什麼讀書了。後來能參加高考，也只是憑自己對知識的興趣和一些聰明。以他的聰明，如果在正常的社會裏，我以為他還是適合於從事科學工作。他的智商我感覺是高的。比如他會織毛衣，會裁衣服。聽收音機裏唱歌，就能記下譜子等等。在北方一個小城裏，沒有什麼文化氛圍，但他對許多知識充滿渴望，這很難得。科學上凡走火入魔，我個人感覺可能都與正常的知識傳播方式相關。在開放的社會裏，知識的來源有許多渠道，各類的書籍自由出版，人們獲取知識的習慣就比較健康。有時我想，如果我這個朋友能在他生活的時代裏早一些看到周昌壽的這本書，也許就不會再有他那些怪異的想法了。周昌壽在他的書裏説：「本來這個原理原是一種數理的現象化，所以處處離不了數學。」而我印象中，我這個朋友總是想從邏輯上否定相對論。是不是受了後來批判相對論時的一些潛在影響，我説不清楚，但那個時代獲取知識的方式肯定對他是有影響的。

　　青年對知識的渴望才是社會的希望，但青年的這種渴望與他們生活的時代的整體精神文化導向有極大關係。因為很長時間裏中國社會的知識傳播方式是壟斷的，不僅影響了學術的進步，而且把許多對知識有強烈興趣的青年人耽誤了。

　　我這個朋友八十年代中期憑考試進入了山西電視臺，不久我也到了山西作家協會。雖然還有聯繫，但已不如先前那樣緊密了。後來他到北廣讀研究生，畢業後又回到電視臺。可能是九十年代中期，他偶然得到一個訪問美國的機會，後來就留在了那裏。現在做什麼工作，

我也不知道了。我想著什麼時候我們還有見面的機會，我把周昌壽先生的這本書送給他，來紀念我們曾經有過的一段對知識充滿渴望的歲月。

研究《中德學志》

許多年來，我在舊書市場上，常常看到零散的《中德學志》，如果價格合適，我就買幾本，原來還有配齊的打算，越往後越感覺沒有希望，就放棄了。如今這本學術雜誌，有時候一本要價一、二百元，讓人感到莫明其妙。

在中德文化交流史上，這本雜誌起過非常重要的作用，在學術方面，可能是最重要的。我最早知道這本雜誌，還是常風先生健在的時候，他常常提到這本雜誌，說淪陷時期，學人能發表論文的地方不多，因為德國和日本是盟國，對這本雜誌沒有干涉，所以當時還在北平的學者常有人在上面寫文章。常風寫文章用得筆名是「蓀波」，這個筆名他在給《新月》寫稿時也用過。

《中德學志》一共出版過6卷，約有22期，是當時中德學會主編的，最初名為《研究與進步》，1939年創刊，到1944年就停了。我沒有完整看過套學術雜誌，但從已看到的一些零本判斷，我以為對這本雜誌做一

個完整系統的研究很有必要，因為從這本雜誌可以看出近現代中德文化交流的基本脈絡，大體上涉及了當時中德主要的學者以及相關研究情況，特別是雜誌一度時期對德國科學的介紹，在科學傳播方面的意義不可低估，人文學科方面的情況就更多了。

今年五月間，我在北京大學參加一個關於文學史方面的學術會議，認識了專門研究中德文化交流的青年學者葉雋，我曾和他談起這本雜誌，希望以後能有研究生對其做一專門研究。我還特別記得王蒙的父親王錦第常常有翻譯作品刊在這本雜誌上，方面極廣。其中有一本《德國的教育》還由中德學會出版過單行本，我買過這本書。

記得這本雜誌還專門出過一期紀念歐特曼教授的專集。歐特曼教授在中德文化交流史上是非常重要的人物，地位可能類似於傅蘭雅、林樂知和李佳白一類人物，他是李希霍芬的學生。編過《漢語通譯》和《中德袖珍字典》等。1934年在同濟大學做教授時突然去世。他去世後，學生和校方專門印過一本《歐特曼教授哀思錄》，線裝一冊，當時中國許多學者和他的學生寫了紀念文章，因為他的地位獨特，當時中國幾乎所有與德國有關的學者都寫了文章或者送了輓聯。這本《哀思錄》對研究中德文化交流也非常有價值，我在網上查了一下，就是同濟大學專門研究這方面歷史的學者，也沒有提到過這個東西，可見不易得到。前些年，我的朋友黃惲知道我對此類東西有些興趣，曾送過我一冊，現在還放在書架上，估計將來還會排上些用場。

由《錢理甫先生家傳》說起

我在北京訪學一年，週末常到舊書店看看，也到報國寺和潘家園去過。現在人們對舊書市場最大的意見是舊書都當文物賣。因為東西少，舊書的價格到了難以讓人相信的地步。今天的舊書對於一般的讀書人來說早已沒有了研究意義，如果是為研究到舊書市場找書已是一件很奢侈的事，舊書成了收藏家的天下。老輩學者在舊書市場上找書，不是比錢，而是比眼光和興趣，有的東西收藏有意義，但對研究就沒有多少用處，很多古籍如今不但有重印的，還有電子版，如果不收藏，舊書的研究意義實在有限。圖書館容易找到的東西，也沒有必要再到舊書市場上去看，除非有特殊的愛好。舊書市場成為真正的市場，也就是這幾年的事，可見商業對文化的負面影響實在難以預料。舊書是生意，但和開剃頭鋪總還是不一樣。這些年國營舊書店好像也是為了錢，至於來京打工的舊書販更是只有一個錢字了。我看北京潘家

園做舊書生意的人，除了「錢」外，對於舊書的真正價值很少有明白的。人都要活，我不反對人家這樣做，但我對舊書市場的感覺就是這樣。另外我感覺，這些年也有一些依靠收藏舊書、舊期刊發了財的人，在境界上有問題。其實收藏最終是為了捐出，是為了給國家保護東西，如果想發財，最後這個收藏是沒有意義的，藏品只有集中在有用的地方才能顯出它的意義。這也就是為什麼真正的收藏家不願意把自己畢生收集到的東西傳給後代，而願意給了國家或者給了有用的人。

學者在舊書市場上看書，不是為了發財，而是因為有些東西只有民間才有。特別是一些早年自己家裏印刷沒有進入出版渠道的東西。

我有一次在潘家園看到一小冊《錢理甫先生家傳》，沒有人要，我就買下了。我過去看過潘光旦先生的一本書《明清兩代嘉興的望族》，雖然記不準確了，但對明清嘉興的望族還是有一點印象。再加上這些年嘉興的范笑我先生

常常有「笑我販書」一類的通訊寄來，我印象中他周邊的人對於鄉邦文獻有特殊的興趣。

嘉興錢氏那是有名的望族，詳細情況，在網路時代我就沒有必要再複製了。這本《錢理甫先生家傳》是譚延闓題簽，原文由葉公綽手書的印刷品，線裝一冊。朱彊村撰文。朱是浙江歸安（今湖州）人，清末詞壇大家。他編成的《彊村叢書》被唐圭璋稱讚為：「前輩篤好之專，用力之勤，鑽研之深，搜集之富，校勘之精，為中外學者提供大量研究資料，奠定祖詞學復興之基礎，貢獻之大，功不可沒。其間逝世最晚，貢獻最大之作家，端推朱祖謀氏。」《錢理甫先生家傳》前面還有錢理甫的兩張照片，因為是紀念性的家傳，一般不容易見到，所以對研究嘉興錢氏以及朱彊村、葉公綽，這個東西還是可以看看的。

在北京看到《中國鐵礦志》

大約五年前，我在太原的舊書市場上買到一本丁格蘭著的《中國鐵礦志》的附錄，就是那本地圖冊。當時主要是看到這本地圖印刷精美，又很便宜，非常喜歡。這本地圖比較大，家裏沒處放，只好壓在床下，好久沒有想起來。今年我在北京，有一天突然在潘家園舊書市場上看到了上下兩冊的《中國鐵礦志》，要價也很低，就買下來。後來我上孔夫子舊書網上看了一下，好像有一本上冊，要價四十元，看來此類與科學有關的書，還真是便宜。不過這樣連書帶圖的成套書，一般很難見到，因為開本不一樣大，常常不能放在一起，散出來就更身手分離了。我在舊書市場上還見到過金陵大學農學院卜凱教授著名的《中國土地利用》，因為也是一本書和兩冊圖，所以很難見到三樣東西在一起的，常常看到的是圖。

丁格蘭是瑞典地質學家，他這套書對中國工業的貢獻很大。一般研究近代中國經濟

史的人都會引用這本書，原書是英文寫成的，出版後由中國有名的地質學家謝家榮譯成中文。這套書上世紀二十年代初版，我看到的這套是四十年代重印的，與我前幾年收集到的那本地圖恰好配成一套，也是一件讓人感到安慰的事。書的命運有時候和人一樣，有點他鄉遇故知的感覺。

丁格蘭到中國後是安特生的助手，安特生曾是瑞典地質調查所的所長，後被中國請來做了實業部的礦業顧問，丁格蘭這套書就是在安特生的鼓勵和中國同行的配合下完成的，可以說是早年中西方科學交流中的一件盛事。

因為山西是中國主要的煤業和鐵礦產地，所以《中國鐵礦志》中關於山西的材料最為豐富，而且早已超出了鐵礦調查的範圍，涉及許多山西的地理和風俗，特別是書中所附錄的關於山西晉城早期鐵礦業的圖片，今天看來非常珍貴，如果說這套《中國鐵礦志》對中國的鐵礦業發展有過關鍵作用，那麼對於山西來說，它的重要性就是第一位的，書中所述關於山西的礦業材料最多，這也是我願意收集這套書的目的，將來可以從側面瞭解山西近代史上的許多問題。《中國鐵礦志》下冊的最後一部分是王竹泉的《山西鐵礦補志》，對於山西鐵礦的分佈補充了許多丁格蘭沒有注意到的材料，特別是除晉城以外山西的鐵礦分佈情況。

二十世紀初期，李提摩太來太原創辦了山西大學堂，和北大同時，是中國最早的三所大學之一。和他一起到太原的人當中還有一位瑞典人，他的中國名字叫新常富，在山西大學校史上是非常有名的人物。他是一位化學教員，但對於培養地質方面的人才非常用力。有時

候人們會感覺奇怪，中國早期地質學家當中有好幾位都是山西大學出來的，他們後來都成了院士，如孫建初、王曰倫和王竹泉，中國的工業與這些人的努力有密切關係。這位外國人對山西的貢獻很大。丁格蘭在《中國鐵礦志》的序言中，特別提到新常富和他的友誼。因為有這許多關於山西的因素，我想把這套《中國鐵礦志》也算到我收集的山西近現代鄉邦文獻。

張子高解釋「李約瑟難題」

國內目前關於「李約瑟難題」最完整的研究文獻是劉鈍、王揚宗主編的《中國科學與科學革命——李約瑟難題及其相關問題研究論著選》（遼寧教育出版社，2002年出版）。這本研究文獻的出版，為研究「李約瑟難題」提供了基本史料。在這本書中，還有一些早期中國學者關於「李約瑟難題」的思考線索沒有收入其中。我近年讀書，凡看到與此相關的敘述，都抄錄出來供專門研究者參考。我前曾注意到張東蓀、吳景超、費孝通等人的相關論述，並摘出公諸同好。上世紀二三十年代，中國學者關於這一問題的主要研究論文，劉鈍、王揚宗所編的書中基本已收集完備，也就是說，凡在論文題目中直接論述這一問題的文章，都注意到了。我所留意的是那些文章題目本身與這一問題沒有直接聯繫，但在具體論述中，對這一問題有比較詳細的思考，屬於書中或論文裏面的片斷材料，直接的檢索一般很難發現。

1923年中華書局出版的《科學發達略史》是中國早期一本關於科學史的著作，上世紀三十年代前曾印過八版，是一本影響較大的書。這是張子高在南京高等師範的一本講稿，由周邦道記述，時在1920年。周邦道三十年代曾主編過《第一次中國教育年鑑》，後到了臺灣。

書中有兩篇附錄，其中一篇是〈科學在中國之過去及將來〉，這是張子高在中國科學社的一篇演講詞，由衛士生記錄（這個衛士生後在清華國學研究院做過辦事員，當年梁啟超在南高師的演講也是他記錄的）。發表在當時出版的《南高日刊》上，沒有注明時間。但據《科學發達略史》的初版時間推斷，張子高的演講當在二十年代初期，是較早完整解釋「李約瑟難題」的文獻。

張子高（1886－1976）是中國著名的化學家和化學教育家，清華第一批庚款留學生，也是中國科學社的早期會員。上世紀三十年代曾做過清華的教務長，當年吳晗從中國公學轉學清華時，胡適就是找了他和翁文灝才促成此事的。

張子高在演講中述及中國古代的科學成就後指出：「吾國文化之興，其與科學極有發達之機。卒之中途滯阻，而所謂西方物質科學Physical science 乃不發生於中國，其故何耶？」。

張子高認為原因有三：

第一、「學者不重自然界也——西洋哲學，起於研究自然界之現象，宇宙之構造，而兼及人事也。吾國哲學家，則偏乎人事方面。間或語及自然之現象，又大都設譬之詞；如『譬如北辰，居其所而眾星拱之』。一語，初非討論天體運行，不過喻為政之道耳。故自然現

象，罕有發生學術上問題者。夫其事既為學者所不注意，何由望其發皇耶。」

第二、「無基本觀念——基本觀念Fundamental concept者何？前所謂天文之渾天蓋天宣夜諸說，醫藥之陰陽五行是也。有之則可以統馭事實，無之則事實散漫而無紀，繼續研究之維艱。吾國理化知識頗富，而卒不能成一科之學者，即乏此等基本觀念也。」

第三、「徒有解釋而無試驗也——雖然，如天文學，如醫學，基本觀念誠有之矣，而亦卒未能極其發展者何也？曰，徒有解釋，而無試驗也。夫基本觀念之可貴，非徒以貫串已知之事實為足也。尤在推測未知之事實，而預定之。故基本觀念之善否，於所推測之事之虛實決之。虛實之辨，則試驗尚焉。今未嘗設法證驗所推測之事，而徒抱守其渾天陰陽五行之說，則亦等於虛空之理，迷盲之信，烏見其能發達耶？」

張子高的這些看法與當年張東蓀、費孝通等人對「李約瑟難題」的認識，在思路上有相近之處，但卻比他們早了二十年。

最後附帶說一句，張子高這本講稿中有兩節是請秉志和竺可楨講的。秉志和張子高同為清華第一批庚款留美學生，他講的是「天演學說」，竺可楨講的是「地質學及三大問題」，我印象中最近上海科學教育出版社出的《竺可楨全集》中沒有收這篇文章。

周作人的一篇序言

我在北京一家舊書店裏，同時看到兩本青木正兒的書，沒有猶豫就買下了，因為極便宜。青木正兒是日本有名的漢學家，與王國維、胡適多有交往。青木正兒的漢學著作，人們常提到的是《中國文學概説》和《中國近世戲曲史》。我這次看到的還有一本《中國古代文藝思潮論》，好像提到的人不多，書名是錢玄同題寫的。記得子善兄在評論《周作人年譜》的修訂本時，曾提到過這本書。子善説：「1933年12月，王俊瑜翻譯的日本青木正兒著《中國古代文藝思潮論》由北平人文書店出版，此書由周作人校閱，增訂本失錄。」

我回家翻看這本書時，發現序言也是周作人寫的。我查手邊張菊香《周作人年譜》，果然沒有著錄。又查孫郁、黃喬生主編的「回望周作人」叢書中的《資料索引》，在「周作人著譯篇目繫年目錄」中也沒有查到關於周作人這篇序言的記錄。我手

邊沒有鍾叔河先生編的十卷本《周作人文類編》，不知道裏面收了周作人這篇序言沒有，我想應該有這篇序言。從子善兄上面的話中可以判斷，他好像沒有直接看到青木正兒的這本書，如果看到了，他會提一下周作人的序言。周作人這篇序言後記明「民國二十三年一月三十一日，周作人識於北平。」這本書的版權頁上標明：「民國二十二年十二月初版」，序言的時間會比書出版的時間稍晚，可理解為是書排好版以後，才有這篇序言的。

我對這篇序言的興趣並非它是不是周作人的一篇佚文，而是因為這篇序言對於理解周作人後來的經歷可能會有幫助，主要是周作人對日本和日本文化的態度。

周作人在序言一開始就說：「中國與日本的關係將來究竟如何，這個問題目下很不容易解答。就現今的政治狀態說，無論如何看不出什麼可以和解的途徑，但是從向來的文化關係上看時，兩者之間具有甚深的因緣，輕易要割也是割不斷的。我們本來無需多去扳認親戚，特別是在自己落魄的時候，不過事實仍是事實，世界文化中最奇特的例『中日』確是其一。這關係多麼密切，卻又多麼疏遠。日本古代的文字學藝以至政治制度差不多全以中國文化為本，但這個關係又全是友誼的，與一般由於征服而發生的文化接觸經路截不相同，這種情形在歷史上很不多見，只有中國在晉唐時代與印度的關係略可相比。中國不曾替印度保留下多少古文化，但是接連的譯出了幾千卷的經典，又代辦了極東的傳道事業，這個工作也頗不小，日本則直接保存了中國的好些文物……」

　　接下來，周作人舉了當年夏曾佑和錢玄同的哥哥錢恂在日本時的觀感，説明日本對中國文化的重視和日本漢學研究對中國學者的壓力。周作人説：「日本今日雖有席捲東亞之志，看中國不在眼裏，可是舊債還是不能抵賴」。周作人認為，中國對於侵略者固有時日何喪予及汝偕亡之感，但「若是救亡工作中不廢學術，那麼在日本的中國古代文化之資料及其研究成績也就不能恝然置之，有時實在還需積極的加以注意才對。」

　　周作人對日本文化的理解，與他後來的變化有密切的關係，對一種文化的基本理解和評價，常常會導致對存在那種文化的國度的特殊感覺，這在周氏兄弟身上都有體現，其中的複雜性不是一個簡單的判斷可以説清的。周作人的這篇序言寫在「九一八」以後，他對中日關係前景的基本判斷和他後來的選擇可以解釋出某種關係，這對於我們走近周作人的內心世界很有幫助。

費孝通：1957年的一件小事

費孝通去世以後，國內外學界反響強烈。因為費老的去世有相當的象徵意義。在費老同時代的師長和朋友中，他最後成了他那一代知識份子的典型代表。費老是幸運的，他的前輩如吳文藻、潘光旦、吳景超和李景漢等早就去世了，他的同輩朋友如儲安平、吳晗等，也過早離開。造化弄人，時代好像非要給他們那代知識份子保持血脈，讓費老一直走到了二十一世紀，雖然人們對費老晚年也有一些不同的評價，特別是他在上世紀八十年代和幾位同罹「右派」災難的朋友間的分歧，一度曾讓人們對他有一些看法。隨著事實的呈現和相關檔案慢慢解密，歷史總會有清晰的那一天。

費老晚年的一大特點是特別懷舊。懷舊是老人的共同習慣，但在費老來說，他的懷舊還是對現實的一種無奈表達。他晚年講得最多的一句話是「志在富民」。但同時他也強調，富了以後怎麼辦？他還講「文化自覺」。

費老是一個非常有智慧也有豐富人生經歷的人，他所講的每一句話看似平淡，但細想卻有極深的內含。費老晚年，不僅寫了許多回憶師長的文章，甚至連早年對他影響較大的西方社會學家如派克、布朗等，費老都表現的一往情深。他的的整個思想狀態其實不是向前的，而是向後的，因為「後」邊有他最珍視的東西。

費老這一生，值得研究的東西很多。他的專業自不待言，就是他的社會活動和豐富人生，也是一本大書。費老去世以後，人們其實很淡化他的世俗地位，而特別看重他的學者志業，在中國人心中，費老是一個學者，這是永恆的，沒有比這個評價更接近一個知識份子的真實狀態。

費老這一代中國知識份子，對國家的感情後人已難體會。他曾在紀念燕京和西南聯大社會學教授的一次會議上專門講過這個問題，他對他的前輩和同輩的家國情懷，有特別高的評價，也為後人失去像他們那樣對國家的感情而感到痛心。費老是社會學家，但不是一般的社會學家，他對政治的熱情，對世界大勢的判斷從青年時代起就沒有錯過，只不過是因為時代突然的變換，使他把自己青年時代的理想退回到了內心，面對這樣的時代，一個書生，還能再有什麼樣的作為呢？

費老是特別能寫的人，他的能寫最終成全了他的人生，但也為他的人生帶來不幸。1957年3月，他在《人民日報》寫了廣為人知的〈知識份子的早春天氣〉，委婉地試圖找回知識份子的尊嚴，但時代卻誤解了他的苦心，他因此失去了更多的尊嚴。這篇文章改變了高層對對他的印象。

1957年6月，當時的中科院正在與民族學院合作，想建立民族研究所。在最初的籌備請示報告中，費孝通名字列在很前邊。當時這個報告是送給聶榮臻的，他也同意了。但在報告送給周恩來時，費孝通的名字被劃在了最後一名。當時周恩來的批示是：「費孝通任民族研究所籌備委員有否必要，望與維漢一商。」鄧小平的批示注明：「費孝通暫不確定」。李維漢的批示是：「同意鄧注」。（薛攀皋等編《中國科學院史事彙要》第167頁，院史資料室編）。

在費老一生中，這可能是一件小事，他自己也許還不知道，但卻在無形中影響了他一生。因為從後來發生的許多事件觀察，可能就是因為〈知識份子的早春天氣〉一文，使費老讓人產生了另外的印象。

中國科學院的報告是1957年6月上報的，領導的批示在七月底，當時「事情正在起變化」了。

我看到了《西方東方學報論文舉要》

對研究中國歷史的人來説，版本目錄之學是必修的功課。但對研究中國現代歷史，是不是也有一個版本目錄之學的問題？

中國現代歷史的時間雖然不很長，但因為這一時段已是現代社會。印刷手段的變化使大量知識的傳播非常普及，普及的結果就是數量極增。可以這麼説，如今對於中國現代歷史的研究，隨著學科的分界越來越細，一個學者很難對這一段的歷史有非常全面的認識和評價，就是從文獻學的角度觀察，每一個領域所涉及的材料都非常豐富。在這種情況下，建立中國現代版本目錄之學就成為非常必要的事。關於中國現代歷史目錄版本之學的建立，也不是什麼新話題。我想説的還不是一個學科設立的價值和意義，而是想説做中國現代歷史研究的人，要常常有這個意識，如果沒有這個意識，一切都是橫空出世，對於文化的保存和積累沒有好處。

如果我們有一門成熟的中國現代歷史的目錄版本之學，會使歷史研究有比較明確的方向感，特別是對於學生來說，可以使他們對學術史的瞭解有一個便捷的門徑。

我在舊書市場上很注意這些東西，收集到以後一般都送給了有用的朋友。我曾經使用過上世紀三十年代嶺南大學圖書館編輯的一本館藏期刊文獻目錄，編輯的非常好。中國老輩圖書館學者中有一個好傳統，就是特別願意在這方面下功夫，他們給後人帶來的福祉，有時候真是認人感動，可惜我們對這些工作常常不能給予高度的評價。今日博士滿街走，但對學術的積累來說，我們卻只有嘆惜而已。

我最近剛剛看到一本貝德士三十年代初編的《西方東方學報論文舉要》，是當時金陵大學中國文化研究所印行的。這個貝德士，這幾年在中國很為人所知。章開沅教授1988年赴美學術訪問期間，發現的《貝德士文獻》的主人就是他。貝德士是耶魯大學歷史學博士，1920年到中國南京金陵大學創辦歷史系。1950年，貝德士離開中國時將所有資料悉數帶回美國，直到1978年他去世時，才由家人將這些資料捐給耶魯大學。章先生的研究著眼點在於貝德士文獻為南京大屠殺提供了歷史見證。

我看到的這本《西方東方學報論文舉要》內容極為豐富，特別是它的導言部分，大體可以說就是一本關於西方中國學研究的期刊、學術機構及學者的指南。這本目錄的開本很寬大，印刷精良，編輯體例得當，現代學術規範的所有要求一應俱全。這本書目對我的工作沒有用處，但我有一個廣州的朋友，雖然不在專門研究機構裏，但他的學術趣味和功力我以為都是一流的，他能以一人之力，全部箋證了陳寅

恪的詩，而且完全憑學術興趣，這非常不容易。我這本《西方東方學報論文舉要》，就是要送給他的，因為他的學術工作需要這個東西。

讀《法政速成科講義錄》

我手邊有一冊《法政速成科講義錄》，明治三十八年在日本出版的印刷物，這一年是光緒三十一年，西元1905年，科舉就是這一年廢除的。

我這本是第一號，以後還有多少，我們現在很難查到。中國近代以來的思想文化或者說基本的現代知識體系，許多是經日本而來，這些年專門研究這方面的專著和文章時有所見。在新知識體系的建立過程中，留學日本的學生起過重要作用。我們只要讀過舒新城的《近代中國留學史》和實藤惠秀的《中國人留學日本史》，對這方面的情況不會陌生。但這些比較經典的研究對於日本法政大學對於中國現代知識體系形成的影響，好像注意不是很夠。尚小明《留日學生與清末新政》一書，有專章講述清末留日學生與清末的法制變革，也沒有涉及日本法政大學對中國現代知識體系形成產生的重要影響。

清末新政實施過程中，當時出使日本的楊樞起過重要作用。楊樞和他的前任汪大燮注意到當時到日本的留學生學習普通科的較多，專門學習法政的較少，所以給西太后上奏，建議在東京建立一所速成法政學院，他們的建議得到了當時法政大學的校長，有日本民法之父之稱的梅謙次郎的支持，後得以實現，於1904年在法政大學「為中國人士新設一法政速成科，專授法律、政治、經濟學。從此日華學生相集於一堂，互相勉學，誠盛事也。」

當時中國學生在日本各大學學習法律、政治、經濟的人也有一些，但「以華語通譯教授法律、政治等學科者，則又唯法政大學一校而已。」梅謙次郎說：「以清國時勢之蹙，需才之亟，有若今日。欲養成多數新人物，舍斯科其奚由哉。昔我邦明治維新之初，亦嘗聘歐美學者，設速成科，以邦語通譯，而教在位者及有志者矣。今日樞要之位其出於當年速成科者蓋不少。然則本大學此速成科之設，其有補於清國變法之前途者，必匪淺鮮也。」

從這本《法政速成科講義錄》中可以看出當時課程設置、學科時間、授課教師入學資格等詳細內容。當時的教學主旨是：「本大學之法政速成科以教授清國現代應用必要之學科速成法律行政理財外交之有用人才為目的」。當時的學科分目是：「法學通論及民法、商法、國法學、行政法、刑法、國際公法、國際私法、裁判所構成法及民刑訴訟法、政治學、經濟學、財政學、員警監獄學、西洋史、政治地理」。

法學通論由梅謙次郎講授，講稿由黎淵譯出；國法學由筧克彥講，周宏業譯；刑法總論由岡田朝太郎講，江庸翻譯；國際公法由中村進午講，秬鏡筆譯；經濟學由山崎覺次郎講，王璟芳譯；政治地理

由士野村浩一講，陸夢熊譯出。從這些譯者的名字可以看出，他們基本都是清末新政實施的主力，同時也是中國近代法制史的主角，中國法學的許多學科和專用術語都是在他們手中形成的。今天的相關學科的基本分類和講授內容，大體包括其中。

　　《法政速成科講義錄》，對於研究中國現代知識體系形成中的日本因素，有很重要的意義，值得研究者注意。

從《東語完璧》說起

關於中國人留學日本的歷史，實藤惠秀《中國人留學日本史》是一本經典著作。《東語完璧》是晚清留學日本高潮中的一本速成日語的教科書。完整的名稱是《實用東語完璧》，它還有一個別名是《日語自得》。明治三十八年（1905年）在上海出版。

關於晚清留學日本的教科書研究，現在也不鮮見。但如果從細微處觀察，這些研究中還有需要注意的問題。比如對於研究中涉及到的具體史料，一定要設法看到實物，轉述和從二手文獻中引用材料，一般要非常謹慎。我們現在的學風，對於那些小的史料鉤沉和考證，一般不很重視，非專書和論文不算學術研究，其實這是不好的學風。前輩學者的許多學術研究，常常是由專著和小的學術考證共同構成的。在這些小的學術考證中，可以看出學者的學術興趣和學養，比如像《陳垣史源學雜文》那樣的書，現在很少有人能寫出來。史學訓練，我以為還是要先

從這些小處做起，學術進步也是一個累積的過程，只要是新材料或者考證、辨識了材料的來源及準確與否，其學術貢獻是不言自明的。

像《東語完璧》這樣的書，在舊書攤上，沒有什麼人太在意，也非常的不值錢。但如果要真正用的時候，還不一定能找到。我留意這方面的史料只是出於興趣，因為看別人的研究著作，有時候很難真正瞭解那個時代，只有看到實物，才會有歷史感。此類書除《東語完璧》外，我還有門馬常次的《文法應用東方漢譯規範》，當時巨集文學院用的就是這個教本，書前有院長嘉納治五郎的序言，黃興、魯迅和陳獨秀都在這個學校念過書，一般說來可能也用過這個教本。因為這個教本中有些課文是關於政治學方面的內容，比如國家的類型等，所以這些早期政治學方面的知識，對學生會有影響。

實藤惠秀的書中，關於晚清日語教科書的史料是非常豐富的，在他的範圍外，要再找出新材料不是完全不

可能，但也不是很容易。《東語完璧》一書，列在實藤惠秀開列的晚清日語教科書目錄中，但不知是原書還是翻譯的原因，出現了一點小的失誤。這本書是上海「新智社編輯」的，但實藤惠秀的目錄中譯成了「作新社」，這個書局當時還出過不少同類書，都印成了「作新社」。我猜想，實藤惠秀可能沒有看到這本書的實物。因為實藤惠秀的書中專門研究了當時「留學指南」一類的史料，並詳細引述了章宗祥編寫的此類東西。但他沒有注意到《東語完璧》的書後，完整附錄了一份〈日本東京遊學指南〉。這個「指南」與實藤惠秀引相述的史料略有不同，特別是當時留日學生的各項費用有些出入。另外這個「指南」涉及的當時留日學生的學習和生活方面更為全面，比實藤惠秀完整引述的那個材料更能看出當時留日學生的生活狀態。

晚清留學日本的學生對中國現代化的影響很大，當時「日語速成」一類的教科書曾起過重要作用，特別是在新知識體系的形成中，這個過程的意義是非常明顯的，尤其是在相關的例句和課文中所傳達的現代知識，與當時知識份子的思想有很大關係，正如《日本東京遊學指南》的第一節「遊學宗旨」中所說：「自政治、法律、經濟、兵學以至於醫學、文學、宗教、理科、美術、工藝」都有影響。

順便說一句，《日本東京遊學指南》中有一個注釋，明確解釋了「科學」一詞在中國的傳播情況。原文說：「學科與科學，中國多有混同。日本則判為兩門，科學者，一切理學之總稱，如英語所謂 science 是也。學科者即科學中之一學科目，又曰課程或科目，如英語 lesson 是也。」

今天看來這不是什麼問題，但在一百年前，知識分類對中國知識份子來說還是一個大問題。

陳寅恪詩的標題問題

我的朋友胡文輝，去年把陳寅恪的全部詩都箋證出來，承他不棄，送我一部完整的列印稿。我在一年的時間裏，斷斷續續讀完了。今年八月間，我在北京的「布衣書局」裏亂翻書，偶然看到一冊舊稿本。書店的老闆告訴我，此稿本是廣州中山大學羅孟韋教授家裏散出來的，個別部分已被蟲蛀，但基本不影響閱讀。書店的老闆胡同先生也是舊識，他每天都寫販書日記，今年三月間的日記裏提到過這個稿本，還特別提到其中抄了陳寅恪的詩。胡同的日記天天都在網上，看到的人當不在少數，據說文輝兄好像還問過他，但不知道為什麼他沒有要下這個稿本。我想還是胡同沒有說清楚，如果文輝兄看到原物，我想他一定不會猶豫。不過現在這個稿本到了我的手裏和到了他的手裏一樣。

因為那天我在北京有些空閒時間，就在書店裏把這個稿本細細看了一遍。在舊書店裏選書，有時候不能說得太多，也不能顯得

什麼都知道，也就是説，看到有用的東西，也不能激動。這個稿本裏至少有三四個人的筆跡，其中有一個人的字，我認為特別好。胡同説這是廣州羅孟偉家裏出來的，我認為大體沒有錯，其中一個證據是稿本裏還夾了一張手抄的陳寅恪的舊詩，稿紙用的是「廣州市漢民北路李同記文具印務局發行」的舊稿紙，我看字跡有些像陳寅恪夫人的，但不敢確定。我到網上查了一下這個地方，知道是早年廣州印務較為集中的地區之一。稿紙所用年號還是「中華民國」。

這個稿本主要抄了六個人的詩。這六個人都與陳寅恪家或者與陳家及近代中國詩壇有關係。起首是歸莊的〈萬古愁曲〉，接著是「蟄庵」詩錄。「蟄庵」是近代嶺南名詩人曾習經的號，稿本主要抄錄的是他的詩，極個別處有點評。然後是范伯子。范家與陳家有姻親關係。第四個是柯劭忞，第五個是嚴復，有較多的評注。第六個就是陳寅恪。可見抄者的眼光極高，所抄錄的近代名詩，與陳家的趣味非常密切。

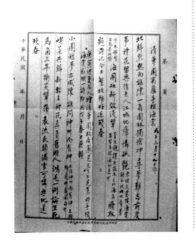

一般地說，這個稿本沒有太大的意義，雖然字寫得很好，但可惜不是名家抄錄。稿本裏抄錄的陳詩，我都曾見過。清華和三聯的本子裏都有，從這個意義上看，稿本的價值也很有限。我要下這個本子，主要與陳詩的標題問題相關。

陳詩生前並沒有完整出版，後來的詩集是陳的家人根據陳夫人的抄本和朋友間的流傳整理而成，所以陳詩標題並不統一，因為許多詩是從別人的年譜和日記裏抄來的，所以常常有些差異，特別是有些詩題的改動，其實有豐富的時代內容。我認為這個稿本有些意義，就是因為它是陳詩早期的流傳本，又因為是廣州中山大學教授間的傳抄本，所以更接近陳詩的原貌，特別是稿本中還有個別字的改動，與現在通行的陳詩略有不同，所以具有研究價值。

稿本第一首詩是〈乙酉八日聽人讀水滸新傳感賦〉，通行的標題為〈乙酉七七日聽人說水滸新傳適有客述近事感賦〉。

第二首〈題雙照樓集〉，通行為〈阜昌甲申冬作時臥病成都存仁醫院〉。關於這首詩，胡文輝的解釋非常豐富，標題的改動有複雜的原因，這個稿本是陳詩原題，可證明文輝兄的許多判斷。

第三首〈感事〉，通行為〈癸未春日感賦　時居桂林雁山別墅〉。

第四首〈南朝　三十五年春在倫敦將回國〉，通行為〈南朝〉。

第五首〈倫敦病院中聽讀英文天橋小說其中述及光緒戊戌李提摩太事憶壬寅歲與先生等東游日本遇李君於上海李君語曰君等世家子弟能東遊甚善故詩中及之非敢以烏衣自況也〉。通行為〈乙酉冬夜臥病倫敦醫院聽人讀熊式一君著英文小說名天橋者中述光緒戊戌李提摩太上書事憶壬寅春隨先兄師曾等東游日本遇李教士於上海教士作華語曰君等世家子弟能東遊甚善故詩中及之非敢以烏衣故事自況也〉。

第六首〈大西洋舟中記夢〉，與通行標題同。

第七首〈除夕　北平〉，通行標題為〈丁亥除夕作〉。

第八首〈戊子三月十五日清華寓園海棠下作〉，通行為〈清華園寓廬手植海棠　戊子陽曆三月十九日作〉。

第九首〈感事〉，通行為〈報載某會中有梅蘭芳之名戲題一絕〉。

第十首〈答葉恭綽〉，通行為〈葉遐庵自香港寄詩詢近狀賦此答之〉。

第十一首〈人日〉，通行為〈庚寅人日〉。

第十二首〈有感〉，通行為〈經史〉。

第十三首〈庚寅仲夏友人繪清華園故居圖見寄不見舊時手植海棠感賦一詩即用戊子春日原韻〉，與通行標題同。

第十四首〈庚寅廣州七夕〉，與通行標題同。

　　第十五首〈庚辰暮春重慶夜宴歸有作〉，通行為〈庚辰暮春重慶夜宴歸作〉。

　　第十六首〈霜紅龕集有望海詩雲一燈續日月不寐照煩惱不生不死間如何為懷抱感題其後　庚寅殘冬　一九五一　一月〉，通行為〈霜紅龕集有望海詩雲一燈續日月不寐照煩惱不生不死間如何為懷抱感題其後〉。

　　第十六首〈中秋 庚寅廣州〉，〈庚寅廣州中秋作〉。

　　第十七首〈題洗玉清琅　館修史圖〉，通行為〈題洗玉清教授修史圖〉。本題共三首。通行本無第二首，本稿中有，刪除原因是因為此詩對范文瀾和他的《中國通史簡編》很不客氣。張求會較早注意到這個問題，此稿本有存真的意義。

　　第十八首〈題吳三立詩〉，清華版詩集中無而三聯版詩集中有，且為兩首，總題為〈己醜除夕題吳辛旨詩〉。胡文輝箋證稿中有此詩，可以對證的不同來源和出處。

　　第十九首〈文章〉，與通行標題同。

　　第二十首〈寄瞿兌之〉，與通行標題同。

　　第二十一首〈寄北〉，與通行標題同。

　　第二十二首〈送朱少濱教授退休卜居杭州〉，與通行標題同。

　　陳詩無疑是中國文化遺產中的重要內容，它在文學史和思想史上的價值正越來越為人注意。陳詩跨越的時代是中國社會發生重大變革的時期，它的意義相當豐富。陳詩的流傳過程其中也包含了時代變革的因素，所以雖然是一般的抄本，但它的文獻價值還是顯而易見的。

一個美國人對中國民主的看法

《平民政治的基本原理》是早年做過駐華公使的保羅・S・芮恩施專為中國人寫的一本公民教育讀本，1921年商務印書館印行，中英文對照本，羅家倫翻譯，蔣夢麟校閱並序。據羅家倫在「譯言」中說，他翻譯這本書時，馮友蘭和周炳琳都幫過忙。

所謂「平民政治」是亞里斯多德的說法，區別於「君主政治」和「貴族政治」，也就是我們現在所說的民主政治或者憲政。蔣夢麟在序言中說：「芮先生在中國多年，多與我國人士往還，對於中國抱十分希望，我國人民對於先生感情亦極厚。芮先生不但為歐美的政治學者，對於中國政治亦素有研究，所以他這本書不是又懸空談政治原理，實對於我國現行政治，有切要的和建設的批評，把歐美的政治和中國的需要，明明白白的講出來：如國家是如何成立的，憲法的性

質是什麼，國家的各種機關是如何組織的，如何運行的，中國實行平民政治，應該從什麼地方入手的。」

上世紀八十年代初，商務印書館出版過芮恩施的回憶錄《一個美國外交官的使華記》（李抱宏等人翻譯）。我看這過本書。回憶錄還是西人寫的好，這是我一向的一個看法。芮恩施在回憶錄中沒有提到他的這本書，因為他在1919年後半年就離開中國了。我估計這本《平民政治的基本原理》是他回到美國後完成的。從芮恩施的回憶錄中，可以看出他早年和北洋時代許多政要和名流的往來，比如梁啟超、傅增湘和蔣夢麟，其他如袁世凱、段祺瑞和孫中山等。在他筆下，各種人物都非常真實，政見各不相同，角色時時變換，但作為個人，這些人物都是相當了不起的，這是讀這本書的一個基本感覺。芮恩施離開中國的那年，正是五四運動、巴黎和會、二十一條之類大事不斷的的時候，在他的回憶錄中，我們可以把握到一些真實的歷史，特別是北洋政要和學生之間的許多細節。芮恩施是真正瞭解中國的。

羅家倫翻譯的這本書非常通俗，那時白話文的地位還剛剛確立，但能運用得如此自如，對於我們瞭解當時白話文的發展，也很有啟發，除了文學作品以外，當時翻譯作品中白話文的運用也是一個重要方面。

芮恩施雖然是美國人，但他對平民政治在中國實行的看法，對我們今天還很有啟發意義。他認為，民治原則在中國這樣大的國家實行肯定有很多困難，但他不贊成說中國人不能實行民主。他說：「有許多人公然說是中國不適於民治，他們的意思就以為中國的人民如此的軟弱而無知識，必定要時時有獨裁的勢力，能發號令使人動作而不需

給理由的，在後面鞭策他們向前去。這個見解，與我完全不同。我承認中國所遇著的很多困難，領土是很寬廣的，各省的語言、風俗和經濟的利益是很複雜的。政治統一的感情，不甚發達。國家和公共的行動，以前總不曾對於人民表現他們最好和最高的利益。」

芮恩施講了許多他看到的中國困難後說：「我覺著無論是誰，如果真能知道中國一般的和共同的生活的，沒有不感想到唯一適於中國的正當制度，就是民治與代議政府。」芮恩施解釋了他的理由。第一，中國人民中內層的平等觀念，就是最顯明的特質，而且他們的理解工夫，使他們的行動，明白公平，不趨於極端。這些性質，在民治國家中都是很重要的。第二，選擇領袖，中國人也有經驗。不過他們的選舉不用投票，而且用社會慢慢贊同的程式。在鄉村之間，用自然的程式，推舉年事較長，對於討論本地的事務很有智慧，很能解決本地爭端的人，經共同的同意，認為領袖。這當屬投票選舉內層的原理，關乎公共的討論，中國人也很適宜。他們對於討論公共的事是很有興趣，而且是在公共場中很能說話。

芮恩斯對中國實行平民政治的看法是：「所以若是自由平等國家與代議政府的理想，真能徹底的被人民抓住，在中國建設一個偉大、能幹、有勢力的政治的社會，這種材料就在手中。只要有領袖能將他們自身專心致志在這個目的，他們將來很能成就一種永久的事業，遠過於任何私人的利益和財產之上，因為只有經過他們，這很大的人口，才能漸漸的成為真正快樂的和興盛的，且含有一種人生的滿足，這個滿足，只有人人覺得自己是一個莊嚴高尚而有正當勢力的國家中之一分子，方可得到。」

芮恩施的這本書，在中國早期政治學學科形成中，也應當有一定的地位，雖然是一個通俗性質的讀本，但也自成體系，舉凡現代政治學所涉及的內容，大都在其中。

　　我在網上查了一下，才知道中國政法大學出版社在2003年重印過這本書，可惜我沒有看到過。

歐陽格的《世界海軍軍備》

現在知道歐陽格這個人的，不是很多。就是在網上查關於他的材料，所得也非常有限。在有關中國海軍研究的相關文獻中，對於歐陽格和他著作引述的情況也非常簡單。

一般提到歐陽格，基本都是在關於中山艦事件的研究中。歐陽格在這個事件中處於核心地位，可以說凡提中山艦事件，必提歐陽格。他後來的結局也非常奇特，據說是因為抗戰不力和有貪污行為，被蔣介石下令處決了。網上有零散的關於這方面的材料，但大多語焉不詳，具體時間也不一致，我感覺不是很準確，所以這還是一個有待深入研究的歷史人物。胡允恭《金陵叢談》（人民出版社，1982年）一書中，談及中山艦事件，比較多地涉及了歐陽格，但多是負面的評價。隨便說一句，這個歐陽格是近代著名佛學家歐陽竟無的兒子。

我曾寫過一篇關於中山艦事件研究方面的論文，不過是關於研究的評價，屬於中山

艦事件的外部研究。也正是因為這一點因緣，我在舊書攤上買過一本歐陽格著的《世界海軍軍備》，正中書局1936年初版，抗戰爆發後，這本書還印過幾次，列在「國防教育叢書」中，列在這個叢書中比較有名的還有楊杰編著的《世界陸軍軍備》，還有周至柔的《國防與航空》，周至柔過去寫過《世界空軍軍備》，這方面的情況可以參看上海圖書館的《中國近代現代叢書目錄》，一個時代文化出版的繁榮，有時候要從關於軍事方面的出版物中才能看得明顯，在上世紀二三十年代的出版紀錄中，這方面的情況也很值得研究。

《世界海軍軍備》可以說就是一本「世界海軍史」，從書中所顯示的豐富材料和評價與判斷分析，歐陽格對於世界海軍的地位和將來的發展，認識是非常深刻的，以本書材料的豐富和判斷的深遠，可以見出當時中國海軍將領的專業水準。因為涉及專業研究，我不敢評論，但有一點感想卻非常突出。當時中國海軍的地位非常低，這個認識對於海

軍將領來說非常重要，在這方面絕對不能虛矯，所以在《世界海軍軍備》一書中，關於中國海軍的情況非常詳細。中國海軍的所有艦艇，從製造到噸位、排水量及相關的所有細節都列表排出，連當時中國海軍的軍費情況也清晰列出。以1934年中國海軍的預算為例，當時英國是中國的260倍，日本是中國的115倍，這樣的懸殊比例，對於海軍將領來說必須清楚，因為沒有這個認識，就沒有判斷中國海軍的作戰能力。書中還有一節，專講世界航母的現狀及未來，歐陽格對美國和日本當時航母的特性和作戰優長，進行了比較，認為各有所長，還有對於潛水艦（即後來潛艇）的發展，也深具歷史眼光。

抗戰前中國社會的發展程度，應當包括軍事力量和軍事將領的素質，這些共同成為中國現代化進程中的要素。評價一個時代社會發展的全貌，應當顧及各個方面，當時周至柔的《世界空軍軍備》也非常重要。一個國家的現代化標誌中，軍事力量和軍事將領的世界性眼光是主要因素。歐陽格的這本書，至少可以讓我們明白當時一個中國海軍蔣領的知識和眼光。

李璜的《江西紀遊》

前幾年，我寫一本關於聞一多的小冊子，看過李璜的《學鈍室回憶錄》，印象很深。

這本書是上世紀六十年代臺灣傳記文學社出版的，國內一般圖書館都有。李璜一生經歷非常豐富，政界、學界及軍界都有涉及。當時看這本書印象最深的是李璜對留法勤工儉學運動的回憶，它對這個運動的起源表示肯定，特別對當時熱心此事的吳稚暉和李石曾多有讚譽，但對運動的最後結果是負面評價。李璜的回憶雖然只是個人記憶，但對後人瞭解那一時期的歷史卻有文獻價值，他是什麼立場不重要，重要的是他回憶錄中所提供的歷史細節，對人們瞭解那一段歷史有啟發意義。記得李璜特別提到過一個細節，當時留法勤工儉學的女生很少，大約只有三十幾個。這些女生在留法後幾年最困難的時候，都得到過一個法籍美國資產階級老太太的幫助，比如蔡暢、向警予和劉清揚，可她們後來都反對資產階級和帝國主義。李

瑧對此非常感慨，還有他對周恩來、鄧小平和陳毅的記憶，都非常有意思。

李瑧上世紀三十年代初，因了曾琦和當時山西省主席趙戴文的關係，曾來山西一趟。他在回憶錄中對他此次山西之行的記錄非常詳細，對於閻錫山治理下的模範省評價甚低。他從太原、忻州、大同回北平的沿途感受中，記錄了當時民生凋敝的慘狀，我多年留意收集「1949年前外省學者筆下的山西」，所以對李瑧的回憶，印象清晰。

我想起李瑧的回憶錄，是因為買到李瑧早年的一本小書《江西紀遊》，嚴格說來，這算不得是一本書，線裝一冊，只有二十幾頁，是自印的出版物，一般圖書館很少著錄。李瑧回憶錄中特別記述過他這一段在江西的經歷，但不知為什麼沒有提到他早年的這本《江西紀遊》。這本書記錄的是李瑧1934年秋天到江西視察的觀感，對於瞭解當時紅軍的情況非常有幫助。

關於紅軍的記錄，以往無論是歷史回憶還是研究著作，總體看來比較

單一，讓人看不到歷史的豐富性，這對深入瞭解歷史，特別是對研究那一段歷史幫助不大。李璜的《江西紀遊》基本是以日記體來敘述這一段經歷，共分為六節：一、牯嶺風光，二、晤蔣前後，三、南昌印象，四、一個行政督察區，五、前線訪問，六、黎川南城。

李璜對他這一段經歷的認識和評價自有他自己的立場，研究者不可全信，但也不能完全漠視。因為一個學者不管出於什麼立場和偏見，他在當時歷史環境下記錄的經歷，不可能完全做假，所以對歷史研究者來說，從不同政治立場和不同學術背景的學者回憶中，發現觀察歷史的角度和判斷歷史的材料，對於深入瞭解歷史是有幫助的。李璜的《江西紀遊》應該說是一本瞭解紅軍歷史的重要文獻。

王鍾翰日記中的一則思想史材料

承友人相告，我得到一本《王鍾翰手寫甲丁日記》（非賣品，文津書店影印，2005年1月），這是王鍾翰1954到1957年的日記，內容非常豐富，對於我們瞭解那個時代的學者生活很有幫助，特別是當時政治運動中學者的表現，日記中有許多具體和生動的記錄。王鍾翰當時在中央民族學院，我們知道，經過院系調整後，潘光旦、費孝通、吳文藻等知名學者都在這裏，所以這本日記的文獻價值極為重要。

日記一類類的史料，在史學研究中的地位是人所共知的。王鍾翰日記裏保存了相當豐富的史料，試舉一例。

中國當代思想史的材料一般認為不是很充足，因為當時知識份子留下的文章和著作不足為憑，那個時代知識份子以自毀為保護自己的基本手段，所以當時的文本，後人如果不加分析簡單使用，會把歷史簡單化，也就是説，研究當代中國歷史必須能把文本材

127

料與統計數目互相對照，才能接近歷史原貌。但有一個例外情況，就是當時學者所寫的舊體詩，因為舊體詩詞本身的特點，它成為那個時代知識份子表達真實思想和心情的一個主要方式，此點在陳寅恪、吳宓等人的舊體詩中看得非常清楚。王鍾翰日記中也有一個這樣的例子。1957年反右運動還沒有有完全結束，當時就有人對這場運動表示了自己的看法。王鍾翰日記的記載是這樣的（原文無標點）：

1957年12月4日，星期三，晴：「是日收到一素不相識之袁洪銘自廣東東莞（縣城內邁豪街二巷二號十一月廿七日發）來信，自言返自香港，現任廣東省文史研究館研究員，月六十元。欲纂近三百年廣東名家詩選，希供材料，附春陰二首：苔痕青上碧紗窗，燕掠殘紅故故斜，多少閒愁春不管，半簾疏雨打梨花。耐盡春寒換袷衣，逢春忽又送春歸，楊花似解離人恨，細雨東風不肯飛。並索《清史雜考》，擬不作答亦不寄書。」（464頁）

　　王鍾翰當時已成為右派，對於外界的所有資訊都非常警惕，也很害怕。同年12月9日，王鍾翰日記中說：「晚炬堡來談，余交其袁洪銘信並附云：時值嚴冬其詩競以春陰命題，殊覺曖昧，細味：燕掠殘紅故故斜、半簾疏雨打梨花、耐盡春寒換裌衣，逢春忽又送春歸等句，顯係同情翰之右派罪行，其中必有文章，似屬可疑之至云云，即請組織上注意。」（467頁）

　　王鍾翰當時的表現後人很容易理解，但他的日記為後人保留了珍貴的史料。我到網上查了一下袁洪銘的情況，極為少見。只知道他在上世紀八十年代初還寫過一些文史方面的文章，早年的學術貢獻可能主要在民俗學和詩詞領域，也許廣東的朋友看到我這篇小文章會有新材料發現。當代中國歷史是一個特殊時期，當時知識份子真實思想的表達渠道有各種形式，這使當時私人日記及個人詩集的重要性越來為後世學者注意。

關於燕京大學研究院

上世紀九十年代中期，我到過一次設在北京大學南閣的「燕京大學校友會」。印象中是和「西南聯大校友會」在一起的。這兩個校友會出版過很多回憶錄和紀念冊，我當時基本上都收集到了，特別是《燕大校友通訊》，其中很有一些史料。

前一段我偶然得到一本《燕京大學研究院同學會會刊》，隨便看了看，就把過去關於燕京大學的史料找出來查了一下，發現對這個機構很少有人提到，至少詳細的回憶文章還不多見。何炳棣《讀史閱世六十年》中有一些回憶，但也非常簡略。我手邊有1936年印刷的《燕京大學一覽》，其中有一些關於這個研究機構的章程和人員組成情況，但只是例行的公文程式，生動的東西沒有。而這本《燕京大學研究院同學會會刊》卻是當時燕京研究生真實生活的記錄。這本書是32開本，用紙非常精良，沒有標明出版期數，1939年印刷。太平洋戰爭爆發後，燕京大學

停課，1943年才在成都復校。在抗戰期間，再印這樣紀念性會刊的可能性不大，所以這本會刊可以看成一本早期「燕京研究院院史」。

現在人們可以比較自由地談論早年的燕京大學了，可是二十年前，要談燕京大學還有許多忌諱。1982年，北京出版社出版司徒雷登的回憶錄《在華五十年》，不僅是內部發行，還把馬歇爾的序言和胡適的導言都刪除了，其實那個時候關於燕京大學還談不上研究，只是有局限性地肯定它的一些成就。

關於燕京研究院的院史，我以為可以和近年人們常提及的清華國學研究院好有一比。它們建立的時間差不多，都在上世紀二十年代中期前後，清華國學研究院還只是比較單一的國學研究，而燕京研究院卻是比較完善的現代研究生教育體系。它設有文科研究所歷史學部、理科研究所化學部、生物學部、法科研究所政治學部、國文系研究部、哲學系研究部、心理學系研究部、教育學系研究部、物理學系研究部、社會學系研究部。

初期本來還有新聞系和經濟系，是因為本科生修研究生課程的人太多，最後取消了，這個辦學思路和們今天恰好相反。當時院長是陸志韋，洪業負責文科研究所和歷史學系，理科研究所所長是胡經甫，法科研究所長是吳其玉，其他各系教授均為一時之選，恕不一一列出姓名。當時燕京研究還只可授予碩士學位，學生雖然不算少，但真正得過學位的還不多。我還要特別提出一點，當時清華是國立，而燕京是私立，以私立和國立相比，更能見出中國早期中西方文化融合中，對西方文化的包融性，私立和國立地位平等甚至可以比國立更有活力。

燕京大學研究院後來的歷史，我不是很清楚，但就以1939年前這一段情況判斷，它的成績非常可觀。一個大學的研究院，在十年時間內，培養出的學生，日後基本上成為中國各學科領域中重要的學術力量，和清華國學研究院一樣，如此人才輩出，可以說是早期中國高等教育的一個規律。為什麼早期中國人辦文化事業，幾乎樣樣都行？其實就是在事業初期的制度設計方面，比較有胸懷，相信西方人，相信西方制度的成熟性和合理性，結合中國實際，獨立自由發展，最後必有大的收穫。蔣夢麟在他早年的回憶錄中就多次特別提到過，中國近代以來，凡是主要以西方模式為基本運作規律的機構，一般都很有成績，也就是說基礎都打得好，比如海關、銀行、稅務、鹽政、出版、教育、新聞、醫院等等，就以燕京大學研究院的情況觀察，大體也是這樣。我看了它的基本院章、院務會議細則及相關的獎勵規則和財務制度，大體都是是西方人做事的風格，程式設計體現了很高的公平理念，比如研究院對學生的來源就強調中國人外國人都是平等的，國立大學、省立大學和私立大學（教育部立案者）的學生也是平等的。因為

是教會大學的緣故，院章多次強調「對於所選習之專門學科，有充分之準備，能用中文作明確暢達之文章，並對於所研究學科有密切關係之外國有相當造詣，至少能閱讀所習學科之外國文原本書籍。」同時對畢業論文的規定是：「研究論文須用中文撰作，但得提出用外國文撰作之副本。」雖然今天看來要求更高，但本土特色非常鮮明，民族情感非常強烈。人們過去對教會大學的認識和評價其實有一些簡單，以為讓外國人在中國辦學對民族情感有些妨礙，但看燕京大學後來的成績，一般說來教會學校出來的學生和老師，在民族情感方面反而更強一些。因為外人在華所辦的機構中，其實主要成員還是中國人，此點蔣夢麟當年在他的回憶錄中有很詳細的說明，並提出過一些相關的統計數字。

　　這本會刊中列有燕京研究院歷屆校友名錄和當時（1939年）在校研究生及他們的研究情況。那時每屆研究生少則一兩人，多則八九人，但從1928年開始，幾乎每屆研究生中都有非常出名的人物，試舉幾例。如國文系：1931年有鄭德坤、1932年有顧廷龍、1935年有吳世昌，1936年有陳夢家等。歷史系更是人才濟濟，先後有杜聯喆、朱士嘉、譚其驤、陳觀勝、馮家升、鄧嗣禹、翁獨健、趙豐田、蒙思明等；哲學有瞿世英、施友忠、羅忠恕等，物理有褚聖麟、孟昭英、張文裕、馮秉銓、袁家騮等；生物有談家楨、毛應鬥等；生物有張宗炳等，社會學有楊慶堃、林耀華、瞿同祖、嚴景耀等。

　　1939年度，還在讀的研究生有46人，這46人中後來出大名的即有王世襄、王伊同、王鍾翰、李有義、何炳棣、侯仁之、楊明照、葛廷燧等等，可以想見其一時人才之盛。何炳棣後來回憶說：「回想起

來，足以自豪的是我們這班歷史系研究生只有三人，王鍾翰和王伊同是燕京本科畢業的，成績優異，不必經過考試直升入研究院的。前者目前是一般公認的清史名家，長於滿文的中國民族史權威。後者是江陰才子，駢文典雅，同輩學人罕有其匹……王伊同任教於匹茲堡大學20餘年，不知何以久久未有鴻文問世，殊為可惜」。

燕京研究院後來公認出人才比較多的是歷史系、國文系和社會學系，這個現象也恰好應證早年梅貽琦的名言：所謂大學者，非謂有大樓之謂也，有大師之謂也。而當時燕京是即有大樓，也有大師，二者得兼，人才輩出也就是情理中的事了。當時文科研究所中的歷史學部，除了洪業為所長外，還有六個人。分別是教西洋史和基督教史的外國人王克私（Philippe de Vargas）、容庚、鄧之誠、張爾田、齊思和、張星烺。國文系是郭紹虞、容庚、顧隨、董璠、劉盼遂。社會學系是趙承信、楊堃和吳文藻。

燕京大學研究院文科人才如此眾多，但我看到的這本《燕京大學研究院同學會會刊》的序言，卻出自著名物理學家葛庭燧筆下，他在序言中說：「在這種風雨飄搖的時候，我們仍然能夠安穩地過著研究生活，我們並沒有因此怡然自得，卻是滿懷著熱望和期待。也就是在這種情緒中，我們才下了決心來完成這本小冊子，藉以紀念過去，檢討現在，警惕將來，並且把此時此地僅存的研究院的情形，報告給一切關心它的人。」

葛庭燧的夫人何怡貞當時在研究院物理系教光譜學。何怡貞是著名物理學家何澤慧的姐姐，她們都是山西靈石著名的老同盟會員何澄（字亞農）的女兒。何澄早年做過蔣介石的老師，是著名的文物鑒賞

家。1940年，蘇州著名的網師園曾由何澄買下，並進行全面整修。1950年何氏後人將園獻給了國家。

何澄的夫人是近代中國著名的物理教育家王季烈的妹妹，何、王兩家滿門精英，特別是對中國近現代科學的貢獻尤其巨大。何澤慧嫁給了著名物理學家錢三強。中國現代出名的物理學家中，山西有任之恭和何氏姐妹，再加上葛庭燧、錢三強這兩位山西女婿，這也算是中國現代物理學和山西的一段佳話。雖然何氏姐妹主要在南方生活，但以中國人的習慣說，山西才是他們的老家。

讀《中國紅十字會時疫醫院徵信錄》

「非典」發生後，中國的公共衛生防疫系統開始為人重視。一些研究中國近現代社會史的學者，對於近代以來中國的公共衛生防疫史也更加注意，這方面的著作，近年很有幾本，相關的學術會議也時有召開。關於這方面的材料，我過去也在舊書攤上留意過。比如1910年12月（宣統二年），東三省肺疫流行過後，曾出版過三大冊《東三省疫事報告書》（宣統三年十一月出版，非賣品），對於此次災難的記錄非常詳細。1918年晉北肺疫流行，疫情過後，關於這次疫情的所有情況，同樣編成了三本一套的《山西省疫事報告書》（王承基總編纂，民國八年六月中華書局承印），可見在當時這已成為一種定例。

我在舊書攤上看書，主要是看雜書。因為常規的書，一般都能判斷出它的學術價值，但有些雜書，卻需要相應的眼光。前面提到的那兩套書，對於研究中國近代疫情史，肯定是重要的材料，還且還是難得的材料。

　「非典」過後，我在上海交大參加一個學術會議，偶然認識了曹樹基先生，知道他這方面的研究成績，回太原後就送了他。但當時沒有從我的舊書中細查，因為我印象中還有一些，只是忙亂沒有找到。後來在「孔夫子」舊書網上看到有人出售《中國紅十字會時疫醫院徵信錄》（民國十七年），價格並不高，而且沒有人要，我就買下了。

　研究中國近代衛生防疫史，「疫情報告書」和「徵信錄」是基本文獻。所謂徵信，是慈善機構接受外界的捐款捐物後，要如實將數目公佈出來，以求取信於人。傳統的做法是印成小冊子，這就是「徵信錄」。內容除了刊載相關章程和事件經過外，捐獻者、捐獻數目，以及所有支出的內容，都要記述清楚，目的是讓社會各界放心，也激發人們再踴躍捐獻。一般說來，此類歷史文獻印數都很小，圖書館如果不是特別有心，也很少收藏，至少不是主要收藏。此類文獻的可信度，一般來說比較真實，因為有社會和捐獻者監督，造假的可能性不大。

歷史文獻的文本材料，通常和實際發生的事實會有差距，所以研究歷史，不能盡信紙面上的東西。以後如果研究當代中國的歷史，就一定要文字與事實互相印證才是真實的歷史，特別是憲法文本上寫出來的內容，一定要和實際發生的事實統計對比才有意義。但「徵信錄」一類文獻，在這方面真實度相對較高。我看到的這本，是當時中國紅十字會上海天津路時疫醫院編寫的，除了醫院的工作外，主要是捐獻者的名錄和被救助者的名錄。

所謂「時疫醫院」，也就是現在為防治流行病設立的臨時醫院，疫情開始時設立，結束時關閉。中國近代以來的衛生防疫體系，主要也是西來的，它的核心理念中有基督教的影響，大體是慈善事業的組成部分，它的組織機構和運作程式都非常成熟，也非常有效率。比如當時的章程中有一條規定「醫院就醫者不論中外不拘貧富本埠外埠男婦老幼隨時施治，病人入院後除頭等二等酌收病費外，三等一律免費並無號金等各項名目。」還有一條：「貧病治癒後如實在無力還鄉，由醫院理事查明實在報告本會酌送船票。」

近年來很有一些人，從紙面材料上得出中國農村合作醫療很好的印象，常常引述「把醫療衛生工作的重點放到農村去」的高論，其實這都是不明白紙面材料與實際事實的差距。中國農村的合作醫療制度起過一些作用，但對這個制度的評價，必須建立在這是中國農民被剝奪了基本的流動權力以後，政府所採取的一個簡單的醫療救助制度。我是從那時過來的人，當時農民遇大病也是看不起的，因為當時中國農村的醫療水平很低，大病是要來城裏看的，誰能拿出當時城市醫院

給農民看病免費的證據？所以不能以紙面上的材料來神化農村合作醫療和赤腳醫生制度。

這是我讀這本《中國紅十字會時疫醫院徵信錄》時，忽然產生的感想。中國衛生防疫的傳統可能還是要再向前看，以農村合作醫療制度為楷模，我以為是短視的表現。

關於陳寶箴的一條史料

偶然看到一冊私印的小冊子，十六開本，約有十幾頁，名為《湖南平江黃金洞金礦八年來之回憶與展望》，作者潘振綱，時在1947年。潘振綱當時是黃金洞金礦的主管。我因為接觸過一些研究自然科學史的學者，所以有時候在舊書市場看到與他們專業相關的史料，也就順手收集起來。這些東西我一般的作法是看過就送人，在我，這是一件非常愉快的事。我一向的看法是歷史學者，從直接文獻中看出有用的材料並不高明，因為誰都會找直接的材料，特別是在網路時代。有趣的歷史研究，應當是在看似不相關的文獻中，發現有用的史料，所以學者讀書不能太專門，專門是職業，不專門才是趣味。專業是有硬性要求的，常常很苦，業餘是輕鬆的，所以快樂。業餘的專業是最理想的境界。

我看到的這個材料，對於研究中國的黃金開採史肯定是有意義的，這個行業我根本不懂。但潘振綱這個回憶中，有一則跋文，

是當時湖南有名的教育家曹典球所寫，潘振綱早年是曹典球的學生，二人有師生之誼。曹典球早年畢業於湖南著名的時務學堂，與陳寶箴有過交往。我要在文章最後再抄出關於陳寶箴的那一條史料，現在先發幾句感慨。

時務學堂出過很多志士仁人，不必一一列出了。百多年後，我們評價一個教育機關的成功與否，關鍵是要看這個教育機關裏出了些什麼人，看這些人主政的時代，社會有沒有逢勃向上的風氣。出人多，社會有朝氣，這個教育就辦得成功，出人少，或者不出人，這個教育就不成功。在亂世，教育的功用看得格外分明。在和平時代，評價一個教育機關成功與否，從時間上説，一般來説要五十年。因為五十年裏，一個人在這個教育系統裏所接受的教育是完整的，五十年的時間裏，這個系統中最成功的人士，應當成為這個社會的精英，特別是政治精英。從結果上觀察，如果一個時代政治清明，社會進步，人民生活安定，就説明過去的教育基本是成功的，如果一個教育系統中自身不能產生對本教育系統的懷疑和批判，那這個教育一定是有問題的。在這個意義上説，中國傳統的教育體系，雖然有很多缺點，但大體上是成功的。科舉制度也有許多優點，至少這個制度中產生了大膽要求提出徹底廢除這個制度的人，功過可以討論，但氣度十分寶貴。平庸的時代其實是平庸的教育造成的，或者説，壞時代都是因為壞教育帶來的。教育的後果要在五十年後才看得出來，今天社會成了這個樣子，我們還能説我們的教育沒有問題嗎？

陳寶箴是咸豐舉人，後做湖南巡撫，極具革新精神。陳家後人，代代英賢，不能説沒有原因。陳三立的愛國，陳寅恪的獨立，都有家

風遺韻。

曹典球在跋文的一開始就說：

「清光緒戊戌，義寧陳公右銘撫湘，奉行新政，謀開礦以裕國。聘德國礦師某，探勘平江黃金洞金礦。礦師決其有豐富之儲藏，以報諸陳公。時有某官言於陳公曰：此礦既如是，中丞曷弗約湘紳集資開採之。陳公撫案曰：開礦原以富國，何人敢取以謀私利者。即令礦局擬奏開採。而鄉紳熊秉三、蔣少穆、黃修原、廖生陔諸君，實左右之。此平江金礦定為官采之始基也。」

當年陳寶箴父子被革職後，曾有人捏造證據，說陳寶箴有貪贓受賄之行，幸得接替陳寶箴的新任湖南巡撫俞廉三據實辨證，誣陷才沒有得逞。從曹典球的這則回憶中，也可想見當時陳寶箴為官的清正。

一個教育系統中如果不能大批產生剛正清廉，謀國富民的政治精英，而倒處是以權謀私，明哲保身，誤國害民者，那是多麼悲哀！

雖然陳寶箴最後的命運很悲慘，但在陳寶箴生活的時代裏，它的教育系統和吏制中，曾產生過許多像陳寶箴這樣有作為的封疆大吏，這也算是黑暗中的光明吧。

關於《沈信卿先生文集》

一個過去熟識的書商，送來線裝兩冊《沈信卿先生文集》，問我要不要，我拿起來翻看一過，決定留下。書商稍微作了一點手腳，把中冊改為上冊，讓人誤以為是完整一套，如不細看，很難發現。其實這套書共有三冊，少了的是上冊：沈信卿的詩集。雖然是半部書，但因為不容易見到，還是很想看看。

沈信卿就是沈恩孚，民國初年非常有名的社會賢達，對於教育和工商事業尤其熱心，今天南京江海大學和同濟大學的建立，都與沈恩孚有關，他和黃炎培的關係很深，文集後有黃炎培當時在重慶為他寫的傳記，敘及平生交往和一生功業，非常詳細。文集的書名也是黃炎培手書，注明時間是「一九五一年」。文集編定的時間在一九四九年，只是印出已到了新時代。沈恩孚的生平資料並不難見到，但他的文集提到的人極少，可能因為印出時，社會已對此類家印的文集沒有什麼興趣，所以流傳不是很廣。

沈恩孚當時的社會地位很高，與晚清和民國初年的各類名流多有交往。文集中收錄了他給許多當時出版物寫的序跋，舉凡教育、學術、科學、民治、工商等，涉及方面非常寬闊，另外他為許多名人及他們前輩寫的墓誌銘，也收錄其中，都是非常寶貴的文史材料。特別是關於早年江南和上海社會的史料，文集中多有各種線索。

沈恩孚本人對於中國文字學和西北地理均有研究，文集中更多這方面的研究和史料。沈恩孚早年在上海辦新式教育，培養了許多人才。張君勱兄弟、金其堡等，都出自沈恩孚門下，文集中也保存了相關的史料。特別是文集中的書信部分對於中國現代學術史的研究很有幫助，如章士釗、蔡元培、張君勱、陳柱、潘光旦等，都和沈恩孚有書信往來。

沈恩孚是哲學家沈有鼎的父親，他的哥哥沈有乾是中國有名的心理學家，兄弟二人同出清華，同為留美學生。前幾年遼寧教育出版社的「新萬有文庫」中曾印過沈有乾的留美回憶錄《西遊記》，是一本非常有趣的書。沈有乾和他弟弟一樣對數理邏輯有很高的天分，他在自傳裏說過，要不是「已與心理學結婚生子，一定會與她締白頭之約。」沈有乾當時還常在《新月》和後來的《西風》雜誌上發表小品文，很有英國散文的味道。

沈恩孚有四個女兒，其中一個女兒嫁給了工商領袖胡厥文。社會學家潘光旦是他的外甥，文集中有一封沈恩孚給潘光旦的信。

說起

從《中國農村復興計畫書》說起

我在舊書攤上買到過幾本上世紀三四十年代關於中國農業方面的書,主要是鄒秉文、沈宗翰、董時進等人的著作。如果們把歷史連起來觀察,會發現中國早期凡和美國有聯繫的事情,最後的結果都是我們受益,當然這其中也有一些特例。不是說美國完全沒有做過傷害中國人感情的事,而是說,凡在有關國計民生的戰略方針上,向美國學習基本都是對的。現在國際公認臺灣的農業世界一流,這固然因為臺灣的自然條件,但也與臺灣在農業方面能與美國保持良好關係相關。臺灣現在出版有大量關於「農復會」的資料,隨便翻一下,都會有這種感覺。

《中國農村復興計畫書》是一本文件彙編,1948年印刷,非賣品。這本書的作者是「中國農林水利地政等二十一學術團體」。本書的來源是這樣的:

1948年7月3日,中美兩國簽定了關於經濟援助的協定,這就是著名的「中美雙邊協

定」，由王世杰和司徒雷登代表中美兩國簽署，這個協定是根據美國國會1948年援華法案制定的，目的是幫助中國穩定經濟和建立和平。在這個協定中，規定援華經費中應有一個很大的比例要用於中國農村建設。吳相湘《晏陽初傳》中專門講過這件事，因為在這個協定中提到了晏陽初的名字。《中國農村復興計畫書》，就是為落實協定中復興中國農村的要求，由當時中國二十一個學術團體做出的計畫，參加者多是當時中國各行業中著名的專家如沈宗翰、傅煥光、喬啟明等，主要負責的是鄒秉文。這個計畫應當說是中國比較完善的一個農村復興方案，也是中國現代農業發展的綱要，它在中國農業發展史上，應當有很高的地位，因為它是在世界農業發展的格局中觀察中國農業的出路。這個計畫的首要目標是土地改革及中國農村經濟的改善。

1949年前，中國雖然是一個農業很落後的國家，但負責農業復興的領導和主要人才卻並不落後，他們對中國農村問題的觀察非常深刻，可惜因為時代的變化，這些人都沒有能在中國大陸的農業中發揮作用。像沈宗翰他們，在臺灣農業方面的作用，現在是人所共知，而鄒秉文他們就英雄無用武之地了。中國早期農業方面的專家以出身美國康乃爾大學農學系的學者為多如鄒秉文、董時進、沈宗翰等。當時中國的農科，發展的非常好，各大學農科教授以留美學者為主，美國農科教授在中國的也很多，如卜凱等人，對中國土地和農業非常瞭解。

在《中國農村復興計畫書》完成的前兩年，曾建立過「中美農業技術合作團」，當時中方的團長就是鄒秉文，副團長兼秘書是沈宗翰，美方的團長是赫濟生（Claude Burton Hutchison），副團長兼秘書是穆懿爾（Reaymond T・Moyer）。穆懿爾曾在山西太谷的銘賢學校做過

農科主任，1949年後代表美國負責和
臺灣的農業合作。這個代表團1946年
在中國考察了近三個月，完成一本《改
進中國農業之途徑──中美農業技術合
作團報告書》，1947年由商務印書館
出版。這個報告是由鄒秉文和赫濟生負
責完成的，與《中國農村復興計畫書》
合起來評價，可以說這是兩個關於中國
農業發展的完整計畫，它是建立在對現
代世界農業細緻觀察基礎上，制定中國
農業的發展方向。上世紀四十年代初，
董時進寫作《中國農業政策》時（商務
印書館），當時中國農學家對中國農業
發展的最終方向，基本沒有分歧，臺灣
後來的農業道路，大體是朝著他們制定
的方向發展的。

　　1946年9月出版的《觀察》週刊第
2期上，曾發表過徐盈以「觀察特約記
者」身份寫的一篇通訊，對當時中美農
業技術合作團的工作有許多批評。那時
徐盈已是中共地下党成員，他的看法自
然不奇怪。這篇通訊的題目是〈中美農
業合作：赫濟生、穆懿爾、鄒秉文、沈

宗翰的中國農業觀——十年來屋頂花園式的農業試驗全盤失敗不顧現實的農業政策徒然浪費國家公帑〉。徐盈這篇通訊對美國充滿了不信任，主要觀點已沒有必要復述。但當時徐盈提的幾個問題，今天看來還有學術意義。

當徐盈問鄒秉文對華北的糧農有什麼看法時，鄒秉文回答：「農民高興種什麼，就種什麼，我們不能加以限制。」

徐盈和赫濟生談到中國農場太小的問題時，問道：「你是不是同意金陵大學教授布克博士的土地利用的分析呢？」赫濟生做了肯定的回答。

徐盈又問：「英國李約瑟博士在中華農學會謂，三千年來中國農業不能由手工過渡到機械化，是由於官僚制度的作祟，你以為？」赫濟生以自己中國的知識不夠為由，沒有回答。

徐盈本人是金陵大學農科畢業，應當算是卜凱的學生，但對美國的態度卻是左傾的，這也很令人深思。

讀《平津國立院校教職員聯合會會員錄》

中國近現代人物辭典一類的工具書，現在很不少。但對於研究歷史的人來說，這種一般的工具書還是不夠。通常的情況是想找的人物，這些工具書中總是難以找到。在網路時代，對於稀見的歷史人物，我們多了尋找的手段，但也有網路上不見痕跡的人物。因為這個緣故，我比較留意舊時代各種機構編輯的人名錄和通訊錄一類的東西，特別是文化和學術機構的通訊錄。

我前些年在北京買到過一冊《平津國立院校教職員聯合會會員錄》，當時沒有細看，只是感覺有用就買下了，但到用的時候，才發現此書是一冊殘書，其中少了很多頁，只能說聊勝於無吧。後來在孔夫子舊書網上看到有人出售這本書，就要了回來，但拿到手後又發現此書是一個新印的舊書，我也想不到舊書商會在此類書上做手腳，因為我是使用不是收藏，所以也沒有太計較。有了完整的，那本殘書就隨手送了愛書的朋友。

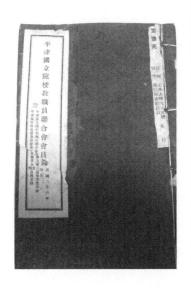

後來讀書遇到相關的學術文化界的歷史人物，此書倒是非常有用。「平津國立院校教職員聯合會」是抗戰前平津各大學（包括當時平津的學術研究機構）的一個教育工會組織，成員是當時在平津各大學的教職員。

通訊錄的好處是比較準確，因為是當時編輯，差錯相對較小。通訊錄一般不可能有太詳細的介紹，但那時的文人學者多有字型大小別名，照例都會列出，供職單位和家庭住址也是辭典一類工具書很難列出的。通訊錄中的籍貫較少出錯，因為通訊錄的編著通常是以自己所填表格為原始來源的。

有時候細看這本《平津國立院校教職員聯合會會員錄》，忽然間會生出許多感想。一是當時平津大學教授許多人家裏都有電話，我沒有仔細統計，但粗粗看去，比例很不小。二是看他們的住址，多數是單門獨院，住在一處的很少，除了單身教職員以機構為通訊處外，多數教授有獨立的住處。從這住址中有時候也能看出許多歷史，比如一個

明顯的感覺是當年許多教授的家，後來我們會在政界要人的回憶中發現，那些教授的住處，成了他們的家。比如當年蔣夢麟的家在毛家灣五號，那時許多教授住在毛家灣一帶。還有當時北平研究院在中南海懷仁堂旁邊，這些地方後來都不是教授和學術機關能在的地方了。另外像東四、西四、府右街、景山、史家胡同一帶，從通訊錄中看，教授也很不少。我不熟悉北京的地理，但一般的感覺，後來這些地方也是政界要人的居所了。

國民政府定都南京後，北平的地位可能有一些變化，但因為有重要的大學和幾個重要的學術機關，當時的北平還是學者和文人的福地。時代變化以後，不是說文人和學者的居處立刻會發生變化，但因為當時文人和學者居於社會的上流，特別是許多人離開了北平，自然也就顧不得北平的居所了。有時候我想，如果有一個熟悉北京地理的人，有興趣把當時教授的住處和後來住進去的官員詳細列出一個表格，倒也是一部時代變遷的政治地理，居所的變化不是也能映現知識份子的命運嗎？

羅家倫的《黑雲暴雨到明霞》

這些年談論羅家倫的文章很不少，特別是他早年在清華大學和中央大學的情況，人們已耳熟能詳。他早年的著作也偶有出版，前幾年上海學林出版社還專門印過他一本隨筆集。

羅家倫是名符其實的五四健將，著名的〈五四運動宣言〉就出自羅家倫之手。五四一輩文人學者，多已用白話文寫作，但因為他們早年有文言的底子，所以一般都是文章高手。特別是「宣傳性」的文字，後輩很難寫過他們。白話文中用四六句子，這是宣言廣告一類文章中必用的辦法，但用的好很不容易，一般說來，沒有文言底子的人是不敢在這方面出手的。從文言到白話，其實不是一個非此即彼的選擇。中國現代作家中，凡文字好的作家，多數有文言的底子。胡適他們雖然不用文言做文章，但對文言的感覺始終存在，他們一眼就能看出文章作者的文言功夫。周汝昌當年在燕京用文言寫了關於《紅樓夢》的文章，胡適就勸過他不要

再用文言寫文章，因為周汝昌的「古文功夫太淺」。雖然周汝昌不很服氣，但我感覺胡適的話是有道理的，因為從舊文化中出來的人，在這方面特別敏感。胡適說過陳寅恪學問極好，但文章不高明，想來也有他的道理。

《黑雲暴雨到明霞》是羅家倫抗戰後期出版的一本言論集，商務印書館1944年印出。書中的文章多數是抗戰前後羅家倫的隨感。這些隨感，對後人深入瞭解抗戰期間中國的情況有幫助，雖然這些文章也屬於時論性質，但因為所涉都是大事，幾十年後再看，還是很有文獻價值，特別是書中提到許多當年的人物、事蹟和相關言論，對研究歷史非常有參考作用。

抗戰期間，羅家倫的見識很高，他早年遊學歐美，豐富的經歷使他具有世界眼光，深厚的中國文化基礎使他有強烈的民族情感，同時又有切實的中國生活經驗，所以後人讀他的抗戰言論，不能不由衷佩服。比如他對抗戰期間一種現象的概括是：「武人沒有降將，文人

偏有漢奸」。羅家倫對此有許多評判和分析，這對我們今天評價落水的文人和學者還多有啟發。另外羅家倫對抗戰期間的國際形勢也瞭若指掌，他對美國、日本和蘇聯的觀察非常深入，對當時中國軍隊的能力也很清楚。他有一篇〈現代軍人對於現代戰爭應有之態度〉，專門對中國軍人所應當具有的現代戰爭智慧和科學頭腦做了分析，此文極有遠見。

除了見識高明外，我還是特別喜歡羅家倫的文章。他的這些短文，篇篇都有激情，而又不乏文采。1936年冬天，羅家倫代表中央大學師生到綏遠看望抗日將士，寫了一篇〈告綏遠將士書〉，文章不長，抄在下面：

綏遠前線各軍武裝同志：

經我們血染的山河，一定永久為我們所有，民族的生存和榮譽，只有靠自己民族的頭顱和鮮血才可保持。這次我看見各位將士塞上的生活，已認識了我們民族復興的奇葩，正孕育在枯草黃沙的堡壘中，等候怒放。我深信各位不久更可以使世界認識我們中華男兒還是獅子，並非綿羊。我們全國同胞的熱血，都願意奔放到塞外的戰壕裏，助各位消滅寒威，激盪忠憤。我現在籌俸國幣一千元，本欲供各位殺敵前的一醉，但是想起這是長期鬥爭，並非一次的慷慨赴難，所以願將這些小的款項，改為醫藥衛生設備之用，備各位壯士裏傷再戰。現在整個民族的命運，抓在我們手裏，我們大家都無所逃於天地之間。只有我們血染過的山河，更值得我們和

後世的謳歌和愛護。我誠懇熱烈地向各位致敬，更願代表國立中央大學三千教職員和學生，向各位致敬。羅家倫　民國二十五年十一月十二日　綏遠。

讀《江南實業參觀記》

在舊書攤上看書，其實是和自己已有的感想、知識對接。有些雜書，旁人看起來毫無用處，但在有些人眼中卻是非常珍貴，因為同樣的東西，在不同情懷和知識準備的人眼中意義很不相同。所謂在舊書攤上看東西，如果不是為了投資和收藏，主要是看一個人的興趣和知識積累，同時還有他們對往昔生活所保持的敬意。

去年南京新識的朋友李剛和我一起到北京潘家園看舊書，我見到一本蘇秉璋、李福田合著的《江南實業參觀記》，1936年印刷，非賣品。李兄知道我喜歡看舊書，但我不是什麼舊書都要，我要的東西肯定是我過去多少知道一點與它相關的知識或者其中能保留我想像中的記憶，有收藏價值的東西，我很少要，因為我的興趣是在研究和材料方面。有些東西我有用就留下，有些東西知道朋友有用，就找機會送給他們。老輩學者都

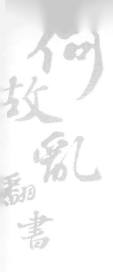

有這樣的習慣，我也是從書中看到這是一個研究者的素質，所以想學一學。

這本《江南實業參觀記》，是一本日記，其中還有一些照片。我回來到網上查了一下，只查到了一條與它有關的消息，而且還不準確。在網路時代，這樣少的資訊，說明使用過這個材料的人極少。我要這個東西是因為它和幾個名人有關，一是李石曾，一是榮宗敬。

李石曾的情況用不著我多說，它是國民黨元老，這樣有名的人物，網上可以隨時得到豐富的材料。我過去讀李璜的《學鈍室回憶錄》，知道許多李石曾的趣聞，也瞭解他的一些事功。李石曾是河北高陽人，這本《江南實業調查記》的作者是高陽兩個實業家，其中一人是當時高陽全和機器染織工廠的經理。他們到江南考察就是得到了李石曾的關照，因李石曾的關係，他們在江南（主要是今天南京、上海、無錫周邊）參觀半月，想學一些東西回去發展家鄉的實業，高陽後來能成為中國有名的紡織名城，可能與李石曾有些關係。

　　另外書中提到了許多當年上海的實業家,當時有名的企業,他們都去看過,所以海上實業家的名字經常出現,因為是參觀,所記都是親見,很多材料對我們瞭解早年的社會生活很有幫助。比如關於榮宗敬和他的申新紗廠,書中保留了許多第一手的材料。當時申新紗廠有一個勞工自治區。日記中說:

　　　勞工自治區的面積很大,房屋整齊,要不說是勞工自治區,
　　真要以為是富人的宅院。區分為:
　　　1、單身女工區……八村──1628人
　　　2、單身男工區……一村──240人
　　　3、工人家屬區……四村──800人
　　　4、職員家屬區……三村──64人

　　他們每村有四十室至五十室不等,室內一切被褥,鐵床席枕,衣箱等,均由廠中供應。每區又分五組,以村之大小為標準。組又分戶,好似縣區的閭鄰制。各室因大小不等,居住的人數也不同。室大的住十人十二人,小的住三五人,室有室長,村有村長,最高的權位,當然屬於區長。另外在單身男女工人區,每室更有一位小導師,利用工作餘暇傳播粗淺文字,這位小導師,是就室中知識知識較高的中選舉的。

　　這個自治區裏,設有完全小學和晨校夜校,還有托兒所,所有學生,都是勞工的子女。大概在低級部時,廠中供給一切費用;升到高級部以後,則由個人擔任,但學費也很低微。學校的房屋,很整潔,

設備也相當完善。據薛明劍先生說：「這一切建設，都是由工人捐助的。至於功課方面，小學自不必論，晨校夜校除灌輸普通知識給些失學的成年工友，並授以養兔、養雞、園藝，和縫紉等技術。這是預備他日退職，回到農村裏去，做生活的副業。用意深遠，良可欽佩。其他的組織有：

1、　法律方面，設有自治法庭，係由工人選舉裁判委員五人組成。

2、　教育方面，設有勞工圖書館，閱報室，編輯部、代筆處。

3、　衛生方面，設有職工醫院，臨時病院，自來水，浴室。

4、　娛樂方面，設有運動場，公園，戲院，民眾茶園。

5、　宗教方面，設有尊賢堂，內奉忠君禦侮的岳飛、戚繼光等先賢牌位。

此外加惠工人的設備，還有勞工儲蓄、勞工保險，勞工公墓，職業介紹所等。總之，勞工自治區，稱得起組織周詳，管理得法；儼然是超出現社會的一個優良小社會。所以該廠職工，都能安其居，樂其業。

作者參觀完後感歎道：「無論哪一種企業的成功，必須先從加惠工人著手。因為工人是工廠的基本勢力，也就是工廠的生命線，要使他們的精神有寄託，能安居樂業，事業方面自然隨之改進。反之未有不失敗者。」（該書48－50頁）

這本《江南實業參觀記》，大體上記述了抗戰前期江南實業的的發展情況，因為是當時普通參觀者的日記，一般說來真實性更強一些。從這本日記中看，作者所到江南各地，所記各種事實和所見人物，都朝氣蓬勃，整個社會生活極有生氣，特別是南京和上海，日記中有許多細節，非常生動。一個時代真實的社會生活，在不同的人

看來差別會很大，看這本日記的時候，我總想到夏衍的名著《包身工》，還有天津早年的「三條石」。在我這個年紀的人看來，因為沒有過去的生活，所以只能依靠當時教育的影響。我們瞭解一個時代的社會，在青年時代多來自於文學作品，中年可能會留意一些史料，老年則更願意相信一些野史或者雜書中的材料，我自己雖然還在中年，但心境是老年的，所以我不願意從文學作品中來瞭解一個時代，因為社會生活不是那麼簡單。

李泰棻的《中國最近世史》

不知什麼時候，我得到過兩冊李泰棻的《中國最近世史》，線裝排印本。書中凡錯別字都改正過，有些錯字如果不是專業人士，很難看得出來，因為李泰棻早年在山西大學教過書，一度時期我還以為這是他校過的講義，後來發現不大可能。這套書如果完整，應該是三冊，我見到的只是後兩冊。不過幸運的是本書的目錄和作者的例言都在最後一冊，所以可看出全書的情況。我後來努力找過那第一冊，但很難見到。臺灣沈雲龍主編的「近代中國史料叢刊」中收過這套書，但我沒有見過。

李泰棻的《中國最近世史》，在中國近代史學科建設方面，有很重要的地位，這方面的情況有專門的研究。這套書可能沒有正式出版過，印成的只是當年北京大學預科一年級的教材，也就是我們常說的講義，後來作者以此書為本出版的其他著作也不少，但這套書對作者的意義很大。李泰棻的情況，

165

王森然《中國近代名家評傳》中有專門記述，此書完成於1934年，前幾年三聯書店重印過，很容易見到。

《中國最近世史》，準確的出版年代從書中看不出來，但從書中有些細節判斷，完成在五四運動前。李泰棻早年和胡適、魯迅等人在北京大學有過交往，是中國早期有名的史學家，研究領域非常寬闊。中國近代歷史的敘述體例，以這本書為基本源頭，至少是源頭之一吧。

我以為李泰棻的《中國最近世史》非常高明，後來中國近代史形成的體例，很難說有多進步。這本書一是線索非常清晰，二是史料選擇非常得當，三是能見出史家的眼光和個性。一句話，這樣的史學著作，看了以後不白看，能知道許多事，有些評價可以變化，但那些基本的史實不會改變，不像我們後來的許多歷史教科書，多少年以後發現不但毫無用處，還有壞處。

中國近世的歷史，對於李泰棻來說，就是當下的歷史。我讀此書有一個感覺，就是那個時代的學者絕對自信，敢於把幾乎剛剛發生的事情就寫在歷史教科書裏，幾十年以後再看，當年記下的一些事實，確實成為了歷史，而且對這些事實的判斷，後人好像除了佩服還是佩服。我舉一個例子。

李泰棻講道光以來的詞章時，單列一節：「新文派」。其中說：「曾國藩有言：古文之道，無施不可，惟不宜於說理。誠如是；則嚴復之哲學文章，可謂難能而可貴矣。然學無根柢者，不易領悟，故欲使之普通，最宜言文一致。近日雖有倡白話者，號為新文體，此中鉅子：以胡適、陳獨秀、李大釗為最著；以《新青年》雜誌為其中心，

全國效之，遂風靡一時，然舊學無根，胸中無物者，即白話，亦不易成也。新文體幾遍於全國學校，除胡、陳、李等，其文足觀者，蓋不多睹；以其無胡、陳、李之學故也。自新文說興，反對者眾，而舊日文學家尤力，林紓至為〈惡夢〉〈荊生〉小說以刺之。若平心而論，新文學為傳播學術，自易普及，當為應時不可少者。然專門精深之理，本無普及之希望，而交接日用之微，亦無需乎文學。況文章本含有美術性質，不能專為實用而設；即使白傅作詩，老嫗能解，無奈王鶴掛牌，大不識字，則新文學訾舊文學為死物者，亦過論也。」（該書第2冊第296頁）

另外李泰棻對周氏兄弟的翻譯也非常注意，他說：「周作人《域外小說集》，胡適《短篇小說》等，皆以白話直譯西文書，亦能自成一格，前此所未有者也。」把當下發生的事實，以肯定的語氣寫進歷史，這不能不說是李泰棻的一個學術貢獻。

關於《都門彙纂》

我平時極少看線裝書，但小時候對這類書很有興趣，去年為了小時候這點念想，我還狠狠心買了一部明版的凌刻《蘇長公小品》，雖然是極常見的書，但閒時翻翻，也算是滿足一下兒時對舊書的嚮往。有一個老朋友，見我對此類書還有點興趣，有一天非要送我幾部清晚期的雜書，版本沒有什麼特別的，但其中有一部《都門彙纂》，我感覺很有趣，就到網上查了一下，發現這套書還有一些意義。

《都門彙纂》就是今天旅行指南或者實用導遊一類的東西，但那個時代，能出門的，主要是官員、商人和應考的舉子。因為此類書主要為實用出版，所以多是坊間刻書，就印刷和版本來說，一般意義不是很大。但因為有豐富的民間色彩和實用價值，此類東西倒是能比較真實反映當時的社會生活和民間的文化生活，特別是日常生活，從中可以看出當時生活的真相。因為此類東西

以實用為主，可能是隨用隨丟，一般的人也不收藏，雖然時間不是很早，但後來見到反而不容易了。

我在網上看到辛德勇先生一篇關於《都門紀略》早期版本的專文，是和麼書儀先生討論的，也提到了這套《都門彙纂》。手邊有朋友送的這套書，我就看了雙方的文章，因為事涉專業，我不敢評價，但我發現兩位先生都沒有親見過《都門彙纂》，所以判斷問題時就少了一個參考，有些問題評述起來也就不一定準確了。

《都門彙纂》一函八冊，巾箱本，同治癸酉春刊行，這一年是同治十二年，西元1873年。封面題為《都門彙纂》，在「都門彙纂」下方另寫：「附菊部群英」。

嚴格說這是一套叢書，有聯繫，但又獨立，「都門彙纂」可以看成是叢書的總名。每冊基本不分卷（只最後一冊《菊部群英》分為兩卷），但均單獨成冊。這八冊可以分為四個部分。

第一部分為「都門彙纂」共三冊（包括第一冊地圖「附贈府廳州縣全國首善全圖」。其中府廳州縣圖為紅色，北京城池全圖為黑色，北京內外城標記非常詳細，早期刻板的圖，嚴格說不能算是科學意義上的地圖，但很好看，有一種特殊的味道。），第二、三冊為「紫禁城地址」。

第二部分三冊，分別是「雜詠」、「會館」、「雜記」。這部分每冊均有原序，可見是收集原書，最多稍有改定。辛德勇先生討論的主要是這部分，如果《都門彙纂》在他手邊，有些判斷可能會更為慎重。

第三部分為「路程」，全名為「路程輯要」。這部分辛德勇先生也有討論，但從本冊的前言中可以看出，此冊為原來《都門紀略》所無，因為沒有原序，是《都門彙纂》編輯時新加入的。

第四部分為「菊部群英」。

這是我自己的分法。其中第一、二、三部分是辛德勇和麼書儀討論的內容。第四部分完全沒有涉及。

「路程」一冊，寫明是「賴盛遠原編，繡谷李靜山氏選輯」。而「菊部群英」則是另外一個人編纂的。序中特別說明「菊部群英」本來是兩部，因為上部沒有全備，只好先印出下部。

凡實用類的書，一般後出的內容相對準確和豐富，因為有一個不斷修改的過程。《都門彙纂》可以說是以往同類書的一個總匯，是把包括《都門紀略》一類的書都收集彙編在一起的叢書，就內容而論，比原來的《都門紀略》要多出不少，彙編者沒有忘記原編輯的功勞，凡有原序都特別加以保留。

我從網上看到許多文章引述這套書中的個別內容，但沒有人細談過這套書，我估計可能多是轉述，不是真正見過此書。網上顯示1997

年和2005年，北京舊書拍賣會上兩次都出現過這套書，價格也不是很貴。可能一般收藏舊書的人，不大注意研究者的資訊，而研究者又很少到拍賣會上去，所以雖是一套普通的書，研究者倒不容易見到了。

《都門彙纂》對研究早年北京的社會生活非常有幫助，特別是對研究京劇史，應該說是很重要的史料。齊如山在《中國的科名》一書中專門談過，早期京劇的發展與當年舉子在京的活動很有關係，這從《都門彙纂》的「菊部群英」中可以得到應證。這套書字數不是很多，希望有一天能夠影印出版一下，這對研究北京早年的都市生活非常有幫助。

《中國現代小說戲劇一千五百種》

研究中國現代文學的人，一般都知道英文《中國現代小說戲劇一千五百種》（*1500 Modern Chinese Novels & Plays*）這本書，但我注意到真正使用過這本書的人並不很多。

這本書是1948年輔仁大學印刷的，嚴格說不是正式出版物，所以可能流通不廣。夏志清寫《中國現代小說史》的時候，在前言裏專門提到宋淇送他的這本書非常有用。上世紀八十年代中期，施蟄存先生有一篇短文，專門談這本書和蘇雪林的關係，但那個時候許多事情還不能明說，所以對這本書，施先生的評價也不高。他說他有這本書，不過寫作還是憑記憶，當時書並不在手邊，所以對這本書的敘述不準確。

這本書的作者，通常都認為是善秉仁，其實這個說法也有問題。關於此書的編輯情況是這樣的：當時「普愛堂出版社」計畫出版一套法文叢書，共有五個系列，第一個系

列是「批評和文學研究」，共有四本書，此書即其中的第三本。這本書由三部分組成：

第一部分是蘇雪林寫的「中國當代小說和戲劇」（*Present Day Fiction & Drama In China*）。

第二部分是趙燕聲寫的「作者小傳」（*Short Biographies Of Authors*）。

第三部分是善秉仁寫的「中國現代小說戲劇一千五百種」。

這是書中的順序，書的封面順序是以善秉仁所寫為總題。蘇雪林的文章是一篇論文，大體上也可看成是一部簡略的中國現代小說戲劇史。確切說，這本書是三人合作的。

我第一次聽到這本書是從常風先生那裏，北京淪陷期間，常先生在北京，與善秉仁熟悉，他稱他「善司鐸」。1948年秋天，梁實秋最後離開北平，當時在北平的文人曾有一次聚會，最後還留下了一張著名的照片，上面就有這位善秉仁。這張照片常風先生曾寄給梁實秋，梁實秋有一篇懷念李長之的文章中專門說到過此事，他把照片上的人都一一認出來，但其中一位他想不起名字，只說是「趙君」，想來這位「趙君」可能就是「趙燕聲」。梁實秋對當年在中國的天主教神職人員評價很高，認為他們中有許多飽學之士，經常和中國的學者文人來往。我曾為這張照片寫過一篇說明文字，刊在前幾年出版的《老照片》雜誌上。因為有這個印象，後來在舊書攤上看書就比較留意，多年未見，後來還是在孔夫子舊書網上找到了。

這本書印刷的時間是1948年，大體上可以看成中國現代文學結束期的一個總結，作為一本工具性的書，因為是總結當代小說和戲劇

以及相關的作家問題，它提供的材料準確性較好。特別是善秉仁編著
的「中國現代小說戲劇一千五百種」，主要是一個書目提要，雖然有
作者的評價，如認為適合成年人、不適合任何人或者乾脆認為是壞書
等，但這些評價現在看來並不是沒有價值，我們可以從他的評價中發
現原書的意義，就是完全否定性的評價，對文學研究來說也不是毫無
意義。當時張愛玲出版了三本書，分別是《傳奇》、《流言》和《紅
玫瑰》（原名如此），提要中都列出了。認為《流言》適於所有的人閱
讀，而對《紅玫瑰》是否定的，建議不要推薦給任何人。對《傳奇》
則認為雖然愛情故事比較危險和灰色，不合適推薦給任何人閱讀，但
同時認為，小說敘述非常自由和具有現代風格，優美的敘述引人入勝
且非常有趣。

　　本書的編纂有非常明確的宗教背景，前言開始就說明是向外國
公眾介紹中國當代文學，但同時也有保護青年、反對危險和有害的閱
讀。作為中國早期一本比較完善的現代文學研究著作，本書的價值可
以說是相當高的，除了它豐富和準確的資料性外，蘇雪林的論文也有
很高的學術意義。它基本梳理清了中國現代小說和戲劇的發展脈絡，
而且評價比較客觀。她對魯迅在中國現代小說史上的開創性地位有正
面的評價，對老舍、巴金的文學地位也有較高評價。對新興的都市文
學作家群、鄉土作家群、北方作家群等等，都有專章敘述，中國現代
文學史上有地位的小說家和劇作家基本都注意到了。

　　人們都知道魯迅去世後，蘇雪林曾有信給蔡元培，信中罵了魯
迅，胡適為此事曾批評過她。但在本書中，敘述中國當代小說，蘇雪
林第一個提到的就是魯迅，她說無論什麼時候提到中國當代小說，我

們都必須承認魯迅的先鋒地位。他這篇專論，我不知道有沒有人單獨
譯出過，如果看她後來對魯迅的評價，我們對蘇雪林的理解可能會更
全面一些。

從李維城的日記說起

前年秋天，在南京新識的朋友鄧伍文、羅建送了我一本他們的著作《西京兵變與前共產黨人》（香港銀河出版社，2000年出版）。這本書所涉及的歷史事實，我過去知道的極少，特別是前共產黨人在西安事變中所起的作用，我還是第一次聽說。

從南京回來後，我細讀了他們的這本書，很受啟發。鄧、羅二位，不是專業的史學工作者，但卻做了專業史學的工作。讀他們的書時，我想到的是史學研究中知識的增量問題。我認為，我們寫文章做研究，要以知識增量為基本目標，所謂知識增量就是在我們所涉及的研究範圍內，能不能在已有的知識基礎上加一點東西，如果不能，那麼我們的研究意義何在？哪怕是一條史料、一個角度或者一條線索，都應當以知識增量為追求，對知識有增量的研究就有意義，沒有增量就沒有意義。

這本《西京兵變與前共產黨人》的價值，因為涉及專業，我不好評價，但這項工作，在知識增量上肯定有意義，因為他們提出和發現的許多史料，都是第一次。這本書的核心人物中有一個名為黎天才的人，他是早年的中共黨員。從本書引述的黎天才的回憶中，曾提到他當年有一個重要的報告後來收在著名的《蘇聯陰謀文證彙編》中，這個材料恰好我曾買到過，後來送給了一個這方面的專家。黎天才在他的回憶中說，他的這個報告曾受到過李大釗的表揚。我在南京時曾和鄧、羅兩位提到這套材料，希望他們能查一查。當時黎天才用的名字是李渤海，我後來在《蘇聯陰謀文證彙編》中查到了他早年的那個報告。鄧、羅兩位當時沒有想到去找這個報告，我後來查到了，我以為對於研究工作，找到這個報告就是知識的增量，雖然增量很小。因為黎天才，我還想到了另一個人李維城。

李維城的個人情況，在網上可以查到。他在西安事變中也是一個常常被提到的名字，在關於西安事變的文獻中，也有他的回憶。但他有一本日記，好像從沒有被人提起，至少在網上查不到，而這本日記我早些年曾買到過。日記的名字叫《獄中四百十一天》，1949年9月在湖南長沙初版，是自印本，所以流傳不是很廣。

這本日記是李維城在西安事變發生後，被蔣介石關在重慶監獄裏所寫，時在1938年。後來經程潛向蔣介石作保，李維城才出獄。這本日記主要記述的是當時個人的一些感想和經歷，涉及的大事不多，但從中可以瞭解當時對政治犯的態度及待遇。在這本日記的前面，有李維城回憶西安事變的文章，其中也提到了黎天才。

李維城1949年後曾寫過一篇回憶西安事變的文章，我一時沒有查到，不知道是不是這一篇。日記中這篇回憶，對於西安事變前的一些情況，有一些線索，其中曾特別記述了中國共產黨在西安事變中的作用。李維城說：「延安共產黨方面，主張對日抗戰，本不後人，加以近接西安，局部同情默契，已非一日，發動之時，明朗參加，周恩來、林伯渠兩氏，常駐西安會商大計。共軍並有向西南商洛行動的決議，張、楊、共成為三位一體的結合，聲勢浩大，咸信可以達到要求的目的。政治方面，組設計委員會，為最高決策機構，高崇民、盧廣績、吳家象、應樹人、車向宸、黎天才、申伯純等任委員，余亦參加其中委員之一，高崇民任主席，大小事件，必經詳議，然後由張、楊執行之。在沒有送蔣回京以前，工作很是緊張，軍事方面，也組織委員會，張任主席，楊副之，但尚未具體，力量尚且發揮。」（第15頁）

1949年後，高崇民的地位很高，共產黨在民主黨派的朋友中，高崇民是很得信任的一位，文革中的命運就是另外一回事了。

這本《獄中四百十一天》，書名起得不好，如果將來再有重印的機會，我以為叫「李維城日記」為好，如果作者另有日記以示區別，也可稱為「李維城獄中日記」。

關於伍連德的史料

「**非**典」以後，關於中國近代防疫史方面的研究很多，提到近代中國防疫體系的建立，自然要提到伍連德。在關於伍連德的史料中，其中有一篇他早年的自述，好像不是很引人注意。這篇自述收在一本名為《成功之路——現代名人自述》的書中。本書良友出版公司1931年出版，精裝一冊，其中有許多照片，這在早期圖書中還不多見。其時「良友」為梁得所主其事，所以書前有他一則序言。據他說，這些名人自述都曾在《良友》雜誌上發表過。本書共收了七個中國名人自述，分別是徐悲鴻、酈富灼、伍連德、丁福保、李惠堂、王立明、黃警頑。因為是早期的名人自述，一般說來史料價值較高，但因為書名的關係，通常較少為人注意。

伍連德的自述名為〈得之於人用之於人〉，基本是他早年生平和功業的一個完整記述。特別是關於中國早期防疫史方面的材料較為豐富，其中主要防疫經歷都可從中檢

伍連德

索。特別是1910年東北肺疫的防治，伍連德有較為詳細的敘述。此次東北疫情過後，曾出版過三冊《東三省疫事報告書》，此書我曾購得，後在上海見曹樹基先生，聞他對此有興趣，遂送他留念。

伍連德在他的自述中，對此次東三省疫情的防治經歷有這樣的記載：「1910年12月間，東省肺病流行猖獗，本地官紳及漢腐庸流均以束手難防此種實性傳染之流毒，吾國既無適宜禦防之策，又恐日俄派遣醫員及陸軍乘其野心而越俎代庖，當時吾國施君紹基為交涉委員，招余襄助防疫，隨帶同吾國海軍部諸名醫，謀趕急赴哈爾濱疫區就地服務，受命後兩日內啟程，可惜諸同志聞鼠疫流毒最烈，弗敢同行，良可慨耳。因當時此疫殺丟生靈幾乎淨盡，人民對於防疫多不明了，余遂發起開會研究，其謀以學理經驗防範之策，眾舉余任全權總醫官，凡任用醫官及指揮軍警等破天荒之防疫法，均經政府特准照辦，毅然進行。因疫區苦不敷，地已冰

凍。暴露之屍體滿地，只一部分計見三千疫屍，令人見之未有不寒而
慄者，遂請政府准予火葬，市民住戶中查有三分之一死亡或潛奔，發
文後經四十八小時，北京命令照準火葬，於兩日間將事辦理完竣矣。
受此經驗以後，一切醫員及助手熱心從公。惟此次大疫漫延，總計殺
去生命六萬有奇。」

　　當年東三省疫情過後，在伍連德主持下，曾建立了東省防疫總
處，此舉為近代中國防疫制度化建設的開始。1917年底，山西晉北
肺疫流行，伍連德回憶：「查此疫由內蒙古經伯斯波即綏遠山西大同
等到處而來，余與美國教會醫士二人籌防疫總處於山西豐鎮，不幸地
方長官與住民反對，致吾等所乘之專車幾乎被伊等圍焚，危險萬分，
以後又派醫前往疫區從事防疫，雖以該地為人煙稀疏，亦不免漫延北
京南京。發現疫則數例，查共疫死者為一萬六千名，最終之疫者為五
月下旬，時計共荏苒七個月矣」。此次晉北疫情過後，也曾編輯過三
大冊《山西疫事報告書》，其中兩冊，我也曾於舊書攤得之，後一併
送於曹兄。伍連德往東北防疫是他一生重要功業的開始，此人生際遇
與中國早期著名的外交官施肇基相關。伍連德在他的回憶中記為「施
紹基」。上世紀六十年代，臺灣傳記文學出版社曾出過傅安明整理的
《施肇基早年回憶錄》，其中對早年東北防疫之事也有記載。施肇基
說：「東三省瘟疫盛行，據哈爾濱報告，每日死亡率約在百人，而且
瘟疫逐漸南行，旅華洋人聞之恐慌。各國人士皆畏於華人往來，北京
東交民巷外交區團內，亦限制華人入內，時奧國住華公使任外交團主
席日日促余急謀治疫之策。」施肇基當時瞭解到pneumonic plague
（鼠疫）在當時還沒有治療方法，遂建議外務部籌備「萬國治疫會

議」，邀請各國政府指派專家來華共研治疫方法，各國收到請柬後紛紛派員來瀋陽。美國派名醫Richard Strong和Oscar Teague從菲律賓到華，德國派一個細菌專家參加，日本派著名鼠疫專家Kitesato來華，施肇基回憶說：「日方代表以其聲望甚高，希望能任會長。余以各國與會之名士甚多，難免爭執，乃請政府簡派余為『治疫大臣』，而由余任伍連德醫師為會長，任會議主席（時伍連德甫自南洋返國，在京無事）。在瀋陽開會四星期，一切由中國政府招待。中國參加之醫師皆由伍連德邀請，於赴東三省以前，政府代各人保壽險一萬元。有北洋醫學院之法籍教授應約而往，不及兩月，即染鼠疫而死。」

　　施肇基回憶錄中對東北防疫的情況記載甚詳，與伍連德自述對讀，可以形成較為完整的中國早期防疫史料。中國早期防疫史的一個特點是在疫情發生時，對外人來華救援有相當開放的心態，晉北防疫的主醫官就是一個美國人，若無相當自信和見識，不可能有這樣的選擇，以此判斷早年中國政府與國際的交往，對後世理解當時中國政府的作為很有幫助。

兩本關於雲南的書

十多年前研究西南聯大的時候，順便對關於雲南的史料也發生過一點興趣。當時收在手邊的舊書中，印象較深的是謝彬《雲南遊記》和張君勱譯的《雲南各夷族及其語言研究》。這些書後來都沒有派上用場，想送了朋友，但一時還沒有找到合適的人。特別是謝彬的那本書，雖然殘破一些，但其中有幾處批語，非常專業，我想可能是一位專家讀過，不然不會有那樣深刻的眼光，這些批語，對以後校對謝彬的書可能會有一些幫助。

《雲南遊記》1924年中華書局出版，是很常見的書。此書是謝彬遊歷雲南的一本日記。謝彬此次遊歷雲南，因為是借了「全國教育聯合會」的幫助，所以書中有許多當時全國教育名流的史料，比如黃炎培、袁希濤等。謝彬一生著述很多，他這本《雲南遊記》，其實可以看成一本「雲南近代史」，書中史料非常豐富，特別是民俗方面的材料，保存很完整。謝彬當年到雲南是從海路行走，所

以書中關於廣州、香港和海南的史料也
極充實，研究者萬不可以書名誤導，只
在研究雲南時參考此書。要瞭解早年香
港、廣州及海南，此書當為必讀。

《雲南遊記》中有一節專談「夷人
語言及文字」。我收藏的此書中有以下
幾處批語，抄出來以供方家參考。

書中談及「苗文」一節（第277頁）
中，批註者指出書中凡「苗」字處，皆
應當改為「夷」字。

原書中謝彬提到早年有一位法國
牧師費亞曾編過一本《苗文字典》。批
註者指出：「此處所謂苗文實即倮倮文
費亞之《法夷字典》謝君誤為《苗文字
典》」。

批註者還特別寫出費亞的原名
（Paul Vial），可見批註者是一位行
家。該書第278頁中，謝彬列出了一張
費亞關於「苗」文的發音表格，批註者
改動了數處，並特別注明：「以下凡稱
苗者皆係倮倮」。對那張表格，批註者
說：「此為費亞氏標識調別五個代表字

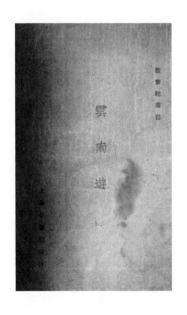

並不與以上之聲韻相干」。書中零散的批語和改動還有多處，恕不一一抄出。希望以後能把此書送給一位專門研究西南少數民族語言的專家，或許還能有一點用處。

張君勱譯的《雲南各夷族及其語言研究》，是英國人台維斯（H·R·Davies）所著《雲南──印度與楊子江之聯鎖》（Yunnan the Link between India and the Yangtze，1909）一書中關於「夷族」的一節。書前有雲南名人周鍾岳的前言，另有一篇胡石青的序言。此書臺灣重印過，但大陸沒有再版。我在網上查了一下，發現在相關的研究中，極少有人使用過此書，所以有重提的必要。此書前有當時地圖一幅和許多雲南少數民族的圖片，本書1940年由商務出版。

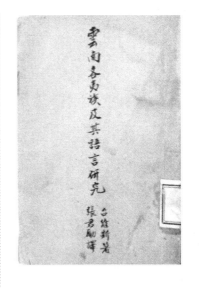

張君勱對中華民族的形成和她在世界中的地位非常關注，他在雲南考察時對此有很多深刻的見解，在此書的序言中多有論列。當年費孝通和王同惠到廣西象縣東南鄉考察，後以王同惠的名字

出版了《花籃瑤社會組織》一書，書前的題詞是：「敬獻於以學為國本的張君勱先生」。可見張君勱對於研究中國少數民族的關注。

　　《花籃瑤社會組織》的初版本，我過去也有，因為一個老朋友想收集費孝通所有著作的單行本，我就送了他，不過後來這位朋友這方面的工作進展不大，很讓我有一些失望。

　　這兩本關於雲南的書，我已多年沒有再看，因為找別的材料，一時發現了，忽然有這樣的感想，希望以後雲南方面收集地方文獻時，能對這兩本書給予特別注意。另外這兩本書對於研究中國語言學也是非常重要的參考文獻。

從范文瀾的一封信說起

一個偶然的機會，我從舊書攤上得到一些1956年知識份子問題會議的材料，我主要使用過當時高教部報送中央的長篇報告《北京大學典型調查材料》。這個材料我還複印分送過幾個同樣對中國現當代知識份子問題感興趣的朋友。

在這個材料中，我引用較多的是關於錢鍾書五十年代的言論，主要是錢先生對當時一些政治問題和領袖人物的評價。文章發表後，我通過幾個渠道聽到了楊絳先生的一些意見，大體是說那些說法不實，是當時一些人誣害錢先生的說法，錢先生沒有說過那樣的話。因為我是正面引述材料，以錢先生言論是錢先生真實說過的話為邏輯起點，然後推論錢先生的人格，作出了正面評價。因為沒有細加分辨，可能引起一些誤會。

錢先生早年的言論本身，今天看來可以認為是一種卓見，但在當時卻很可能引來殺身之禍。作為歷史材料，我以為我們在使用時應當這樣判斷：

第一，錢先生當時說沒有說過那樣話的話，現已不可對質，但從錢先生一生的言論風格觀察，我認為他有可能說過類似的話，我是寧可信其有而不信其無。諂害他的人別有用心，是羅織罪名，但作為一種史料，不能說它沒有意義，至少對我們研究錢先生上世紀五十年代的言論和思想是一個角度，這是當年諂害錢先生的人所不曾想到過的。

第二、歷史已經過去，錢先生的言論是不是事實本身已不很重要，重要的是為什麼這個言論要放在錢先生身上？諂害錢先生的人肯定存在，他們為什麼要諂害錢先生？

第三、當時高教部上報中央的報告是正式在知識份子問題會議上印發的，既然是正式報告，說明得到了當時主管此事的官員認可。

第四、高教部關於北京大學的調查報告，以一般的行政習慣判斷，肯定來源於北京大學，也就是說，關於錢先生的言論肯定有一個初始的源頭，不然我們很難想像這些言論會寫進上報最高當局的報告中。

當時上報這個會議的報告相當多，我親見過約十幾份，從文件的編號判斷，會議的文件至少在一百多件以上，多數是作為會議簡報發下來的。《楊尚昆日記》中對此次會議有這樣的記載：「1月16日－19日：參加中央召開的討論知識份子問題的大會。這四天每天下午三時起，都是大會討論。每天大約是四小時，有時也在五小時以上，發言不算很精彩，好的內容不多。在大會上發言的共有60餘人，還有20多篇稿子決定付印，不再講了。這幾天很緊張，每晚必須安排明日的發言，催稿、看稿、交印，總是要到下半夜才能睡下，而第二天早上又要應付許多臨時的事。從去年下半年起，中央連續開了幾個大會，

以這次大會的人最多，方面最廣，較以前幾次都較亂。」（第228頁，中央文獻出版社）

如果當時有人認為錢先生的話不屬實，從會議的簡報判斷是可以更正的，更正本身也要發簡報。因為我們現在不可能看到此次會議的完整文件檔案，所以只能根據同樣的事例來作一個推斷，這就是我要說的范文瀾的一封信。

在1956年的知識份子問題會議簡報中，有一份范文瀾的信。信的內容是為一個同事辨誣。范文瀾當時是中國科學院歷史研究所第三所的所長，他參加了知識份子問題會議。他看到會議印發的「關於知識份子問題的專題報告之五」的「關於從資本主義國家回國留學生工作分配情況的報告」中第3頁第14行有以下的話：「發表反動言論，政治上有重大嫌疑，如周遂寧（女）……」一段。

針對這段話，范文瀾寫了說明：周遂寧於1954年11月由人民大學校長吳玉章同志介紹來中國科學院歷史研究所第三所工作。據她自己寫的材料和我們從旁瞭解的材料，此人情況如下：

周遂寧，女，現年28歲。她父親周津時是民主人士，1949年在重慶被蔣匪殺害，她自己於1948年由天主教神甫毛振祥介紹獲得天主教學校獎學金及出國護照，到美國那薩芮斯學院學習，後到辛城大學研究院，51年回到香港，在港與蔡國衡結婚。同年7月回到北京，因發現懷孕，不久又回到香港。1952年10月隨丈夫到英國，併入曼徹斯特城的曼城藝術學校為臨時學生，53年7月隨丈夫到歐洲大陸旅行，同年8

月回到香港。54年7月回國經上海到北京。她丈夫蔡國衡原來是金陵大學學生，現在香港英商合義公司當職員，思想很落後，往來的人很複雜。據周本人講：她和蔡離開的原因是蔡的思想與她的思想不同。

周遂寧到研究所工作一年多來，思想一般表現要求進步，如和丈夫的關係，要求離婚，曾到法院聯繫辦理離婚手續，未得到法院同意，現仍準備離婚。一年多來周不斷向組織上反映她的思想和生活情況，積極要求接近黨團員和進步群眾，她與香港的通訊情況也經常向組織交代。

周雖然工作能力較差，對工作也生疏，但態度表現積極，願意學習理論。

依現在情況來看，此人很幼稚，生活經驗不多，歷史相當複雜，但是沒有發現有反動活動，更沒有反動言論。這一點我們所瞭解和當地公安機關的瞭解是相同的。

周與她丈夫蔡國衡的聯繫，目前仍不斷通訊，因為蔡每月寄港幣一百元（或二百元）作為她女兒的教養費。（她帶有一個三歲女孩。）

因此，關於留學生工作報告中有關周遂寧的一段話應請予考慮更正。

范文瀾

1956年1月13日

　　因為我沒有看到1956年知識份子問題會議的完整文獻，所以不敢說關於錢先生的言論，會議上沒有人出來說明，如果有類似范文瀾這樣的說明，那當時就可以證明錢先生沒有說過那樣的話，只能說當時高教部上報中央的報告很不嚴肅。如果將來有一天會議檔案解密，我們會作出準確的判斷，也可能當時就有人出來作了說明，而我沒有看到這個材料。從錢先生後來的經歷判斷，那些寫在報告中的言論並沒有發生作用，這可能與當時這個會議的主調有關，因為當時這個會議本來是要改善執政黨和知識份子之間的關係的，所以對報告中提到的知識份子的反動言論，好象並沒有太計較。因為就我所見到的報告來觀察，當時寫在報告中的有類似錢先生情況的知識份子，並不是個別的，比如中科院數學所，當時就批評了很多人，比如孫以豐、趙民義，就是對華羅庚也評價不高。對北大的許多教授如唐鉞、周炳琳、賀麟、沈履、梁啟雄等都有批評，倒是對季羨林非常滿意，報告認為：「季羨林在抗戰勝利後不久回國，解放前對現實略有不滿。解放後當選北大工會文教部長，積極工作，努力學習政治理論及時事政策，參加抗美援朝等工作。通過這一系列現實的教育和他自己的努力，政治上進步較顯著。」（見報告第48頁）

　　上世紀五十年代，中國社會有其特定的時代特徵，在當時情況下，各種各樣的檢討、彙報、揭發都有其時代特點，後人在使用當時的材料時，應當多加分析和盡可能理解當時的歷史狀況，但在相關檔案不能及時解密的情況下，對歷史研究者所作的推斷也要盡可能寬容，因為在檔案封鎖的情況下，瞭解歷史真相的努力實在不容易。

《歐特曼教授哀思錄》

這本《歐特曼教授哀思錄》是蘇州朋友黃憚七、八年前送我的，那時他知道我對中國早期大學的史料有興趣，所以送我過一些此類東西，印象比較深的還有關於交大的同學紀念冊以及一冊《滬江大學一覽》。這後一本，有一年我到上海訪學，送給了復旦校史組的龔向群老師。手邊這本《歐特曼教授哀思錄》則一直留著。此書線裝一冊，蔡元培、羅家倫題簽，書前有歐特曼教授大幅遺像一張。

歐特曼是中德文化交流史上的重要人物，他是李希霍芬的學生，寫過《漢語通釋》，給商務編過《袖珍中德字典》，他與同濟的關係更是密切，做過早年同濟中學的教務長。

「哀思錄」是中國傳統的紀念方式，比較有名的如孫中山去世後印刷的三大冊「哀思錄」，各方材料，收羅備至。在影像手段沒有普及的時代，「哀思錄」是比較恰當的

紀念形式。當時也許還看不出有什麼特別的作用，但時間一久它的意義就非常明顯了，最大好處是保存的資料較為可靠。大人物不愁有人出紀念冊一類的東西，但一般普遍通人就只有靠家人和朋友印刷「哀思錄」一類文本來保存記憶了。在中國近現代史研究中，特別是關於歷史人物方面，這是很需要重視的一類史料。

在《歐特曼教授哀思錄》中，當時和德國有些關係的學者都寫了文章、題詞和送了輓聯，如蔡元培、羅家倫、張元濟、鄒魯、葉恭綽等等，歐特曼的學生如魏以新、滕固等都寫了非常動情的文章紀念自己的老師，特別是魏以新為老師寫的傳記，保存了很豐富的史料，其他同事、學生的文章也保存了很多關於歐特曼教授的材料線索。本書是1934年由南京國華印書館印刷的，因為不是正式出版的書冊，所以不常見。

去年5月間，我在北大參加陳平原教授主持的一個學術會議，認識了葉雋，知道他專門研究中德文化交流，就想把這冊書送他留念，但因為家中材料過於雜亂，一時沒有找到，前不久我在北京與葉兄見面，還再次提到此事。

可能是我在一篇小文章中提到過此書，有一天，我突然收到上海同濟大學德國研究所李樂曾先生一信，說他見我提到此書，但在同濟大學和上海圖書館都沒有找到，希望我能複印一冊寄他使用。他這一說，倒使我想起答應過葉兄的事，這才努力把這本書找出來。我當天就在電腦上給同濟李先生回了一信：

李先生：手教奉悉。感謝信
任。此事這樣處理：因為我前
一段在北京見過葉雋，本來答
應把此書送他，他是專門研究
中德文化交流的後起之秀，想
你們可能認識。現在既然貴校
圖書館還沒有此書，我想就把
此書送給圖書館（如果貴所有資
料室，就先送給資料室，我的要求
是一定要讓研究者方便使用），
算是我無償捐贈，然後先留您
處使用。同時您複印一冊寄葉
雋即可。此書線裝一冊，不是
公開出版物，所以少見。我五
月二十號左右在上海。我在同
濟有個朋友，在哲學系，是新
到的青年，非常有學問，我和
他父親是好朋友。他住曲陽路
一帶，我印象中離同濟很近，
屆時我可以把此書送您。學術
是天下公器，寶劍應當贈給英
雄，這是我一向的看法。希望
我們能在上海見面。

謝泳4、29

這本書本來就是朋友送我的，我不敢據為私有，雖然期間保存了我們的友誼，但能把一本與同濟有關的史料，幾十年後再送還同濟，在我和朋友來說都是一件快樂的事。

中國老輩學人中，本來就有把重要史料送歸國家機構的傳統，只是後來這個傳統為人忘記了。當年胡適把孤本《紅樓夢》寄給不曾見過面的周汝昌使用，那是何等胸襟。他多次說過，這書將來是要給國家的。因為史料只有能讓學者方便使用才有意義，才稱得上是史料。

晚清的兩本工業著作

我手邊有兩本晚清工業方面的著作，一本是張鍈緒的《建築新法》，一本是張青選的《製絲新法》（上編）。

網路時代，我們對稀見歷史人物的瞭解，確實多了一點辦法。這兩本書的作者，如果不是生活在網路時代，想要找到他們的相關史料真是非常不容易，我平時對1949年前的各類人物辭書很留意，也略有收集，但如果不是在網路時代，要找到一些不知名的歷史人物，我還真沒有什麼太好的辦法。

我們瞭解一個時代，除了常見的史料以外，對於那些散落在民間的東西也不能忽視，特別是對於史學研究者來說，每一項研究工作都應當以提供一點新材料為追求。張鍈緒在中國建築史上的地位，我不清楚。網上有一則史料說他生於1876年，歿日不詳。字執中，天津府天津縣人。1893年入北洋水師學堂讀書，1899年留學日本日華學堂，同年入東京帝國大學工學科讀機械專業，1902

年畢業後回國任平江金礦局總工程師，1904年任保定師範學堂教習、總齋長，1905年殿試及第，進士出身，任商部主事，在北京、保定等地監理工程，1910年，在農工商部高等實業學堂講授建築課，同年調任南洋勸業會審查員。在日本留學期間，曾「稍治建築之學」。1910年7月著《建築新法》一書，該書於當年10月出版。

從這則史料看，見過這本《建築新法》的人不是很多，因為書在手邊，我可以判斷一些情況。網上的史料大體是準確的，只是出版時間稍有差異，應當是6月印刷，9月發行。書由商務印書館出版，是商務早期出版物，開本寬大，用紙精良。封面題字是當時在天津頗具聲望的嚴修所寫。書前有兩則序言，一為楊士琦所寫，一為唐文治所寫。楊士琦是袁世凱舊部，在中國早期交通史及工商業史上有重要地位，唐文治就更是知名歷史人物了。書中還有大量插圖，主要是工程設計方面的圖案，插圖作者孫嘉禧，是張鍈緒的學生。這本《建築新法》雖然是一本偏重專業和使用的著作，但其中對英國和日本建築的風格與規格也多有記述，特別是對與現代建築有關的技術史料，書中保留比較完整。比如關於中國早期學校、劇場和醫院等建築的標準以及採暖通風方面的標準及設計，書中有比較詳細的設計圖紙和計算統計。這些史料對於研究中國近代建築風格如何受英美及日本影響，可能都有參考作用。楊士琦在序言中評價該書：「凡建築之原理材料，空氣光線以及繪圖佈局之法，條分縷析，貫舉靡遺，類皆按切現時之需要，不為空言高論，而一以毗於實用為歸，蓋吾國前此所未有也。」

張青選的《製絲新法》（上編），宣統3年在日本出版，是自費印刷的出版物，以後是不是還有下編，我不清楚。張青選是河南成皋

人（今滎陽），網上有關於他的零散材料，但很簡單。他也是留日學生。《製絲新法》前有他一張照片，非常清晰，也屬難得。書名由胡惟德題寫，胡惟德是晚清外交界的重臣。另外一篇序言是王印川所寫，王是河南修武人，是北洋時期非常有名的人物。

關於《製絲新法》，張青選在書前「凡例」中說：「書中所述學理及方法，概係日本農商務省所立高等蠶業講習所講堂之教科。然本書不取名教科書者，蓋教科之次序，當先技術，次經營，次管理，而以經營販賣終之。而作者之次序，則首經營，次管理，次販賣，而以技術貫之。著者鑒於日本明治維新初年所立之制絲工廠，全國大小以千數計，因不諳經營管理之故，以致失敗者，不知凡幾。故將經營管理，列入上卷，儘先出版，乃謀國之苦心也。」

《製絲新法》一書中，保留了許多中國近代以來關於蠶桑工業方面的史料，特別是近代以來中國製絲工作和日本的關係，書中史料相當豐富。這兩本書出版較早，坊間已不易得到，所以特別介紹，以備將來想使用者可以方便尋找。

我有一本《華英字典集成》

學術，凡搞成專業都比較苦，因為要靠這個東西吃飯，難免裝模作樣，甚至裝神弄鬼。我比較羨慕業餘的專業。不用靠那個東西吃飯，但又有專業品質，這種感覺很不錯。學術，如果不是發自內心的興趣，其實是一件很苦的事。我自己感覺比較幸福的就是從來不在專業內，以業餘為榮，所以不苦，因為沒有人用專業來要求你，但自己其實是按專業標準來做的，所以一切都發自內心。四十歲以後，我絕對不做自己不感興趣的事。

我十多年前開始收集1949年前的英漢辭典，當時沒有任何意識，只是感覺好玩，有了幾十部以後，開始看一些相關的書，才知道還有專門靠這個吃飯的。

我的英漢辭典雖然有幾十部，但像樣的其實極少，只有幾部，比如郝美玲的、翟理斯的還有鄺其照的。

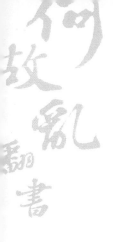

前一段，我在北京萬聖書店看到一本現代出版社出版的《閱讀的狩獵》，其中有一篇郝明義先生的文章，郝先生我曾有一面之雅，是在北京建外**SOHO**的一次新書發佈會上。郝先生這篇文章說：「2002年周振鶴先生為我們寫了一篇文章，提到從馬禮遜開始，最早編寫英漢字典的一些外國人。那年秋天，我去上海和他見面，從他的文章問起最早編寫英漢字典的中國人又是誰。我第一次聽到鄺其照這個名字。」

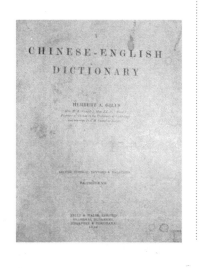

接下來，郝先生又說：「我想對這個人以及他所編的字典多瞭解一些。但是非常困難。首先，據周振鶴所說，鄺其照編的英漢字典，目前僅存的一個版本是在東京的一個御茶之水圖書館。（我請人去看，但那個圖書館當時正在長期封館。）後來，找不到什麼書可以讀。我唯一讀到的書面資料，是在北京圖書館裏查到周作人的一篇文章《翻譯與字典》。那篇文章提到，據說當年連福澤諭吉學英文都是用鄺其照編的英漢字典。」

讀了郝先生的文章，感覺非常有趣，因為他提到的鄺其照的那本字典，我就有一本。這本字典我是在孔夫子舊書網上得到的，因為我一直比較留心此類東西，一般看見了就買下。看到郝先生的文章，才知道這本字典還不容易見到。

我這本《華英字典集成》，標明是「光緒十三年重鐫」，可見在此之前還有早的初印本，光緒十三年是1887年，雖然是重印，但在中國早期的英漢辭典中，要算是早一些的。鄺其照其人，郝先生的文章有一些介紹，我就不說了。這本辭典其實是由三部分組成的。第一部分是《華英字典集成》，第二部分是《雜字撮要》，第三部分是《語言文字合璧》。每部書名題詞還是按中國舊例，找一個有身份和名望的人來寫。比如《華英字典集成》幾個字是許應鑅題的，《雜字撮要》是黃槐森，《語言文字合璧》是梁燿樞。這些人都是晚清廣東的官員。字典的前言三則，一為Hartford Conn，一為許應鏗，一為胡福英。據Hartford Conn前言中說，鄺其照1868年就出版過一冊小英漢辭典。

早期英漢辭典，從實用性來說意義已不大，但通過這些辭典，我們可以發現中西語言接觸時的歷史和文化，因為字和詞的變化中包含了相當豐富的歷史內容。比如「科學」一詞，現在公認，大概出現在1905年前後，是從日本過來的，我們從鄺其照的辭典中可以看出，至少他那時還沒有使用這個詞。據說光緒二十九年（1903年）商務印書館出版的《商務書館華英字典》，就是根據鄺其照字典來的，這本字典我也有，因為沒有詳細對比，不敢妄下結論。不過《商務書館華英字典》中解釋Science，已開始用「科學」一詞。

我近年有一個感覺，就是中國治歷史的學者，學術靈感多從二手文獻中出來，其實這在學術研究中已低了一個層次。中國老輩學者的學術靈感，據我所知，多數是從第一手文獻或者實物中來的，所以他們的學術工作通常經得起時間考驗，這恐怕是中國學術的新舊之別吧。

梁宗岱的離婚判決書

《萬象》2007年6月號有臺灣蔡登山先生談梁宗岱一文：〈多情應笑我——梁宗岱的反叛與追尋〉，其中涉及梁宗岱早年與何瑞瓊離婚一事。蔡先生所言大體準確，但具體判斷稍嫌簡單。

其實關於梁宗岱離婚事，有一個重要史料來源是北平朝陽學院辦的《法律評論》（江庸主編）。我曾在《雜書過眼錄》中介紹過這本雜誌，其中特別提到第十一卷第十二期上曾原文刊出過當時梁宗岱離婚案的判決書：〈北大教授梁宗岱離婚案北平地方法院之判決書〉。

法律文書，在判斷事實方面一般說來是較為可靠的，所以在研究梁宗岱生平時，當時的判決書應視為第一手材料。有一年廣州胡文輝兄過太原，我曾執意把此雜誌送他，因為文輝兄的文史研究最重興趣，最重從雜書中獲取材料，如今文史界能有這樣興趣的研究者極少，大而無當是普遍學風。文輝兄

非常客氣，印象中只是複印了一份。（這本《法律評論》的合訂本，今年七月間，我送給了賀衛方兄）

　　婚姻關係中，通常最能看出一個人的品質，而女性在離婚案中處於弱者地位是較為常見的事實。一般來說，離婚案中對女性過於苛刻的男性，在個人私德方面較有可議處，雖然清官難斷家務事，但從梁宗岱離婚案中，可以看出由傳統婚姻向現代婚姻轉變時所表現出的個人德性，在中國現代文學史上，此類事甚多。胡適、魯迅、聞一多、郁達夫、田漢、周揚等等，都曾遇過此事，我個人認為以胡適、聞一多處理的最好。

　　因為傳統婚姻中的契約關係，多從習慣，轉到用現代法律判斷事實時，確實有相當難度，多數情況下要憑良心。梁宗岱一開始先是不承認他和何有婚姻關係，沒有辦法了，才說結過婚而未同居，這樣就連梁宗岱的同鄉同學，當時北大史學系的主任陳受頤都看不過去了，才和胡適一同為弱者作證。

　　從那份判決書中可以看出，梁宗岱在這方面確實有些問題。因為他一開始不承認與何瑞瓊的婚姻，最後竟讓法院當庭用辨識字跡的方法來確認相關事實。梁宗岱還就當時的法律用語進行了一番辯解，而法院在判決書中說他：「被告身任大學文科教授，雖其所教科目為法文，究不能謂於本國文字之通常文義，亦不能瞭解，其用語錯誤之主張，顯難憑信。」

　　當時梁宗岱的月收入是四百元，何瑞瓊要的撫養費是一百五十元。法院認為：「惟被告收入月僅四百元，原告請求月給一百五十元，已超過其收入的三分之一以上，殊難認為相當之額數，斟酌原告

之需要及被告之經濟能力，判令被告月給原告生活費一百元，而將原告其餘之請求駁回，以昭公允。」

輯
二

研
究

一、相對論中國傳播的研究情況

　　中國最早較為系統研究愛因斯坦及相對論在中國傳播情況的是戴念祖。他在1979年完成的論文《愛因斯坦在中國》成為研究這個問題的基本文獻，以後的研究大體以他所注意的方向發展，除了研究方法上稍有變化外，新材料的發現很少。胡大年近年專門研究此問題，在新材料的發現上也有貢獻。[註1]本文偏重於研究相對論在中國傳播的方式、不同知識群體的接受背景及對中國知識知識份子思想的影響，凡以往研究者注意到的材料和人物關係不再重複，只對新材料和新關係稍加說明。

　　據戴念祖的研究，中國知識份子最早介紹相對論的是許崇清，時在1917年，他在一篇文章的論述中提到了愛因斯坦和相對論。[註2]主要傳播者是留學日本的學生如文元模、周昌壽和鄭貞文等。胡大年文章中提到的李芳柏也是留學日本。研究證明，中國最早介紹愛

1949年前相對論傳播及對中國知識界的影響

因斯坦和相對論的是留日學生，具體說主要是當時在日本東京帝國大學學習的物理系學生。但在這些學生之外，到1922年間，當時還有一個曾留學日本的學生景梅九（字定成1882──1959年）也注意到了愛因斯坦和相對論。

景梅九是山西運城人。無政府主義的第一代元老，早年留學日本。是當時南北無政府主義的核心人物，他在上海辦《自由》、在北京辦《國風日報》的副刊《學匯》和「學匯社」。[註3]「學匯」是北京《國風日報》的副刊，1922年10月10日創刊。約一年以後停刊。景梅九主編《學匯》時，以「老梅」為筆名發表了幾篇介紹相對論的譯文：[註4]

在景梅九之前，周昌壽、文元模和鄭貞文等留日學生已經介紹了相對論。這裏要說明的是，早期中國關於相對論的介紹基本是在知識群體相互封閉的情況下，獨立產生對某種理論的興趣並加以介紹的。如果知識份子不處在某一個社團之中，或者說這些社團之間如果不建立聯繫，那麼對於新知識的傳播是有影響的。周昌壽、文元模和鄭貞文都是早期中華學藝社的成員，這個社團是中國早期以科學和人文相融合為主要特點的知識團體，比它稍早建立的中國科學社與它的建立模式大體相同，但囿於當時的歷史條件，兩個社團間的交流和聯繫很少。他們對於愛因斯坦和相對論的興趣幾乎同時產生，但彼此之間並沒有建立起聯繫，而是以各自獨立的條件介紹新知識，所以當時關於相對論的翻譯和介紹性文章，有許多重複現象。中國早期介紹相對論的主要知識群體是：

中華學藝社，留日學生為主體，以許崇清、周昌壽、文元模和鄭貞文為代表。以《學藝》雜誌為主要園地。

少年中國學會，留法學生為主體，以王光祈、魏嗣鑾和張申府為代表。以《少年世界》為主要園地。

中國科學社，以留美學生為主體，以任鴻雋、楊銓、徐志摩、張君勱、夏浮筠等為代表。以《改造》和《科學》為主要園地。

另外還有張東蓀主編的《時事新報・學燈》副刊以及《東方雜誌》，各類知識份子都在上面發表文章。

雖然這個概括並不絕對準確，但相對論在中國早期的傳播大體是在這個知識群體範圍內。從思想傾向上觀察，這些知識群體之間的分歧非常明顯（有無政府主義、社會主義等），但在追求科學這一點上卻表現出了驚人的一致性，這可能與中國知識界普遍的唯科學主義傾向有關。如果以知識群體的留學背景為基本觀察視角，可以發現，在中國早期傳播相對論的知識群體中，留日學生的興趣在於科學本身，而留學歐美的學生則在於哲學。早期介紹相對論的留日學生如周昌壽、文元模、鄭貞文等，最後都到商務印書館參預理化教科書的編纂工作，成為理化方面的教育學家，而留學歐美的學生則比較重視政治、哲學和思想對中國社會的影響，多數捲入現實政治活動。[註5]范岱年曾說：「中華學藝社的成員絕大多數是留學日本的，他們吸收的西方文化是經過日本學者篩選和解讀的。在哲學方面，他們側重於歐洲大陸的理性論、生機論或直覺主義，而不側重英美的經驗論、實在論和實用主義。在社會理論方面側重於社會主義、馬克思主義，而不側重於個人主義。如果說中國科學社的成員有不少傾向於科學救國、工業救國，中華學藝社的部分成員則更傾向於文學革命、教育救國和社會改革。」[註6]

中華學藝社社員在當時就對留學歐美的人談論相對論有不同評價。周昌壽說：「愛因斯坦的相對性原理，完全是由數學的推理得出來的結果，所以一般沒有數學修養的人，無由觀其門徑。我國研究相對律的人固然很少，但是介紹他的重要的論文，雜誌裏面，卻有幾篇；不過這些論文，大概僅將那些由數學推出的幾個結果，摘錄出來罷了。至於它的詳細的內容，和萬壑千流，不得不歸宗於這個大原理的理由，卻未曾提及，的確是一大憾事。但是由一方面說，這個原理的堅深程度，和他的價值的高遠程度，恰成一個正比例。若要想真正瞭解他的價值，除卻耐心忍性向著他那堅而且深的一條路上走去，別無他法。」[註7]

這些言論顯然是有所指的。周昌壽還指出，關於相對論發表前後十六年間，所成文獻已不下一千餘種，就是麻木不仁的中國，自從羅素在南京演講以後，也有許多的人，知道它的存在，各種雜誌裏面，也東一篇西一篇的登載不少，雖然說得不完不全，讀去不明不白，究竟總比不聞不問的好多著呢。究竟若要完全，就不能夠明白，若要明白，也決不能夠完全，二者不可得兼。他的工作也是只求一個明白罷了。[註8]

周昌壽還認為：「這個時候正正碰著我國學界興高采烈的在那裏高唱新文化運動，照道理說起來，對於這件轟轟烈烈的偉大功績，似乎應該也得要知道一些風聲的了。其實一直到了羅素來華講演〈物底分析〉的題目的時候，一般人才知道有這樣一個奇怪的人存在。於是一般時髦政客，拿出他們那種揣摹杜威、羅素的慣技，要想來對付這一位先生。」[註9]

周昌壽特別強調說在羅素演講之前，中國並非果真沒有人去研究過。他舉出1917年出版的《學藝》1卷2號裏面，許崇清的〈再批判蔡子民先生信教自由會演說之訂正〉，已經提及此事，並且還舉有一個有名的例子來作印證。後來文元模也在《學藝》2卷2號和4號裏，作過簡單的介紹。周昌壽感慨「惜乎他們兩位都不是外國人，所以挑發不起一般人底好奇心，都將他們說得話，視為河漢罷了。現在因為愛因斯坦來東亞講演過一次，所以國人對於他的興味，也大非昔比，雜誌上介紹的論文很不少，就是一個明證。既然這樣，就不可再蹈這種盲從的惡習，務必要踏踏實實的將他真正的價值研究一下。」[註10]

相對論在中國傳播，比較集中的時間是在1920年到1923年之間，表面看與羅素來華有關，但這只是一般的理解。如果仔細觀察事情並非這樣簡單。

當時知識界對相對論發生興趣，有一個特殊原因就是相對論的出現改變了人們對世界的看法，特別是中國的知識界興趣更集中在這方面。在此前兩年，1921年張競生在北大所開的課程中就有討論相對論的內容，重點在哲學方面。他說：「我在〈相對論與哲學〉一篇中，說及愛因斯坦的發明全藉哲學方法的效力。即是用了《邏輯》上（舊譯《論理學》）的演繹法，和幾何學家所用去創造幾何學的方法。我又發現愛因斯坦以前，物理學的成立，雖由科學方法所得來，但到後頭，競為科學方法而破產。……幸而到了愛因斯坦手裏，用了哲學方法——用了一個從前物理學家不敢用的方法——才把這些破碎的現象收拾起來，做成了一個系統的物理智識。」[註11]

德國司密士的《相對論與宇宙論》，在1922年也被翻譯到中國來。譯者聞齊在序言中說：「相對論之重要，其影響於科學與哲學之大，實為空前。邇來我國各雜誌中時有介紹，然多以篇幅過短，不能詳細解釋，或夾雜數學，非普通一般人所能懂。我前曾翻譯史樂生所著之《相對論易解》，並登載上海《時事新報‧學燈》。嗣後張東蓀先生寄以此書，囑為迻譯，課餘攫暇，竟於一月間脫稿。惜匆忙草成，錯誤自屬難免。」註12

此書原為演講稿所編成，說理明顯，依次陳述相對論所引起的重要問題。「著者以淺近文句（即非專門語）敘述安斯坦所以推得此種結論之故，及其如何得有實驗證明。倘若承認此相對論，則吾人必大改其宇宙觀。書中無高深數學插入，故人人可讀。然此僅為通俗書，欲深究相對論原理者必進而更為深邃的研究。此種通俗書不過引人之興趣而已。相對論雖難，然頗似橄欖，必欲嚼欲有味也。」註13他特別提到這本書是張東蓀寄給他的，說明當時中國的哲學家都在關心相對論。

羅家倫1923年在美國哥倫比亞大學完成的《科學與玄學》一書中談到愛因斯坦的地方很多。據他在書前的自序中說，他寫這本書時曾與趙元任、俞大維和傅斯年多次討論。他在書中提到：「於是『量子說』正式成立，而且與愛因斯坦的系統有重要的關係，為近代科學史上燦爛的一章。」註14

從羅家倫引述的參考文獻中可以看出，他接觸過當時已出版的大量的關於相對論的文獻。他在書中認為；「量子說將來的重要，恐將駕相對論而上之。」書中還提到：「愛因斯坦的學說有三大實證：第一即水星的軌道；第二系光經引力場（Gravitational field）之斜曲；第

三系光譜線向紅尖之擁聚。前兩證已得到確切圓滿之結果，第三亦極重要，與量子說頗有關係。最近科學界對於predicted shift of spectral lines in a gravitation field似已證定，使相對論的可靠程度愈為增加。」[註15]

羅家倫說：「愛因斯坦學說之所以接近哲學，正是因為他不是僅取科學中現成『鏡架式』的空間和時間基本概念，而且追問時間和空間的本身。他的解答在科學方面，可以說是比較最能滿意的。但是要根據他組織成一個大的哲學系統，解釋所有哲學裏的問題，則還要經過許多困難。」[註16]

張東蓀在《科學與哲學》中多次提到和引述過愛因斯坦的話。在〈從我的觀點批評科玄論戰〉中說：「近來相對論出世，更把舊日物理學上的的概念修正了不少，結果知道所謂力就等於質量，二者只是一個東西。」[註17]

1929年在上海大同大學的演講《將來之哲學》中，張東蓀說：「例如哀斯坦的相對論雖然有兩三項是在天文學上證明的了，但這幾項仍是相對原理的應用，不是直接表示相對原理。所以只能認為佐證而不可即認為是自身的證明。因為相對原理的本身是不能實證的，而可以實證的只是其應用於某某等處。詳言之即如水星近日點一項而言，即證明哀斯坦的計算法較確於牛頓的計算法，，然而仍不是直接實驗相對原理。」[註18]

一種新知識的接受與它最初的接受渠道與接受者的知識背景和興趣有很大的關係。從現有的資料分析，中國最早接受相對論的直接渠道是日本物理學家石原純（Ishiwara）。

石原純是日本科學家兼歌人。明治十四年（1881），生於東京本鄉。東京帝國大學理科大學卒業。四十四年，任東京帝國大學助教授。約二年間，留學歐洲；大正二（1913）年做教授，得理學博士學位，十年辭職。以介紹愛因斯坦的相對性原理著名。為日本理論物理學之權威。他的詩歌也頗著名。著有《自然科學概論》，現代短歌之《石原純集》等書。[註19]

從石原純在東京帝大任教的時間可以看出，恰好是中華學藝術社成員在日本活動的主要時期。周昌壽和景梅九基本是直接譯介了他關於愛因斯坦的文章。石原純的《自然科學史概論》1949年前對中國科學界的影響很大，當時對此書的評價是「石原純先生此書，對於自然科學之種種問題，悉以安斯坦之相對性理論為依歸：這是其特異於其他同一性質的著作之處。」[註20]石原純說：「安斯坦之一般相對性理論，固還有對於所謂宇宙論的問題的數種意見之不同；但是無論如何，其對於自然現象之記述，以同等的權利許與一切的基準系，在所謂包括天動說及地動說兩種理論的立場上，而得造成認識論上滿足的世界形象：這怕不能不說其實為偉大的業績吧！」[註21]

另外一個接受渠道是德國和英美，就是張君勱、夏浮筠、羅家倫、張東蓀等。相對日本的接受渠道，這個傳播過程更為直接，但接受者卻以哲學家為主。在上世紀二十年代初期，在物理學家中，吳有訓是最早接觸相對論的。到了三十年以後代才有周培源、束星北、胡寧等專業物理學家的研究出現。[註22]可以說中國早期關於相對論的的傳播以翻譯和介紹為主，著眼點並不在相對論本身，而在於相對論在哲學上的意義。所以大體可以說相對論在中國的傳播主要不是科學的傳

播而是一種哲學思想的傳播。這也就是為什麼中國早期關注相對論的主要是哲學家和思想家。張申府晚年回憶中說：「在哥廷根我決意翻譯愛因斯坦的相對論。對於愛因斯坦，我在中國時便已經對他留意。1920年3月我寫了一篇文章：〈科學的革命〉，我是第一個指出愛因斯坦相對論在思想史上的突破性以及重要性的人。他的學說使宇宙較為清晰、較為容易理解。愛因斯坦的理論也有很大的美感，它總結了和改變了物理學上所有的概念，使物理學更加哲學化。」[註23]

直到三十年代中期前，關於愛因斯坦和相對論以及量子力學的主要譯文和介紹，常常主要不是發表在專業學術雜誌上，而是發在與哲學研究相關的雜誌上。[註24]

特別需要提到的是當時有一位名為薛學潛的人，用中國易學思想研究相對論。他寫成一本《易與物質波量子力學》。書前有桐城張鴻鼎一篇序言，對作者這樣評價：「著《易與物質波量子力學》一書，附圖式至詳案。易卦方陣演變之定律，推而列之。引西儒愛因斯坦相對論、狄拉克方陣算學、希魯汀格及達爾文各方程式、證明易方陣精明廣大。凡物質波量子力學諸定律，皆能與易方陣定律相契合無間，更由此達哲學境域，思精而例具，有物有則，取述而不作義包羅萬象，雖創見易信其不誣。」本書意在用「易方陣」的思維方式，驗證已知的科學定律，雖然思路怪異，但看得出來作者具有現代物理學知識。[註25]

愛因斯坦和相對論在二十世紀二十年代初傳入中國，在兩年時間內廣為傳播。到了20年代中期稍後，已廣為人知。當時一般出版的科學、哲學辭典及相關的普及讀物中，都收有愛因斯坦和相對論的詞條以及他本人的照片，已成為普通常識。[註26]

羅忠恕擔任聯合國教科文組織哲學顧問期間，1946年至1948年於歐美各國考察講學，1947年曾與愛因斯坦當面就人類關心的共同問題進行交流，他們的談話曾在上海一家雜誌上發表，這可能是1949年前當面與愛因斯坦進行過深入交談的最後一位中國人。[註27]

二、科玄論戰源於相對論的傳播

張申府晚年回憶他在二十世紀初期的思想變化時曾說過，那時他受到了馬克思、佛洛伊德和愛因斯坦的影響。張申府是這樣，其他知識份子大概也有同樣的情況。這個判斷很令人深思，以往人們在考察西方思想對中國知識界的影響時，似乎較少提到相對論的影響。但實際上相對論對中國知識界的影響相當深刻，它改變了部分知識份子對世界的認識方法，使五四以後中國知識界普遍的唯科學主義傾向中出現了不同聲音，主要體現在張君勱引出的科玄論戰中，而張君勱思想中有明顯相對論對他產生的影響。在關於張君勱哲學思想研究中，注間較多的是德國哲學家倭鏗、柏格森、杜里舒（Hans Driesch）和康德對他的影響，對相對論在他思想中的作用少有提及。[註28]

二十世紀20年代的中國知識界，對於西方的各種思想都表現出了強烈的興趣。對於這種現象，當時就有不同的評價：「假如有一種學說或主義，灌輸到現在的中國來，真可謂所向無前。因為不論那一個文明國家，有新學說新主義在那邊傳播，遲早總會有人加以批評，唯有中國不然。杜威、羅素、杜里舒、山額夫人，等等都來了，莫不轟動一時，以為他們所說的話，句句是金科玉律。」[註29]相對論也是在這樣的時代背景下在中國傳播的。

　　中國知識份子接受相對論的時間大體在同一個時期，無論是中華學藝社成員還是中國科學社成員，比較集中接觸相對論是在1919年左右相對論被證實以後。[註30]張君勱接觸相對論就在這一時期，他曾說：「我於物理學為門外漢，微愛因斯坦之名之催眠，雖至今足不涉物理學之蕃蘺或焉。一九一九年，一九二〇年之交，適居歐陸，報紙之所載相對論焉，學者之聚訟相對論焉，乃至政譚之會，社交之地，三五人縱譚，必及相對論。我為好奇心所驅遣，乃從事研究。時友人夏君浮筠，同寓柏林，每見則持相對論一書相質證。繼復就柏林大學助教烏君往還講習者數月。惟我乏高深數理之素養，故所得殊淺薄。杜里舒之東來也，講題本以生物學及哲學為限，惟其新板秩序論中有評相對論文字一段，抨擊愛氏至猛，若不兩立者。竊以學理不貴一尊，有反方之文，則正方之理，或因而尤顯。嘗以此意商諸尚志學會林宰平先生，宰平先生然其說，乃懇杜氏發表其反對之意見，此則杜氏作此文之由來也。」[註31]

　　張君勱在文章中還指出，相對論的發明，為物理學史上之大事，不僅物理學，哲學界受它的影響更大。他特別提到了1921年在牛津召開的國際哲學會上討論相對論問題的情況。他說：「故研究題目之相同，而其方面異。物理學家所重者在物理方面，哲學家所重者在哲學方面。以吾與物理學渺不相涉之身，於此問題若須臾不能去懷者，其動機在是。」[註32]他還專門引述哈爾頓（Lord Haldane）的話說：「此問題為雙方之交界處，為科學家與玄學家相逢處。科學家之需要玄學家，與玄學家之需要科學家，正復相同。以此原則非科學家所得而獨佔也。」張君勱說他自己所以敢於談論相對論在哲學上的得失，是因

為：「顧數年來遍求國中一二文字評相對論在哲學上——是非者，而不可得。」張君勱比較了牛頓、愛因斯坦和康得的時空觀後評價道：「然以我觀之，苟劃清康氏與愛氏所謂時空之定義，則兩說不妨兩利俱存。雖謂並無衝突，無不可焉。」他當時就意識到「惟科學家中每好以證明為唯一標準。凡不能證明者，即不認其有此物。」

張君勱介紹了當時英美哲學界的主要思潮（實證主義、新康德派、新唯實派、杜里舒與現象學派）後評價說：「以上五家之言與反對者，現象學派也；絕對贊成者，實證派惟實派也。其介於二者間者則為新康德派。反對者，謂如愛氏言，則自然界之認識將無絕對之標準矣。絕對贊成者，以經驗為唯一標準，不認經驗外別有所謂絕對標準也。誠如贊成者之經驗主義，謂所測量之時空外，不認有其他之所謂時空。今測量中之時空既屬相對，則尚何絕對標準可言。雖然，以我讀愛氏懷氏書，彼輩固不信時空之絕對，然未嘗無所謂絕對者以為之准，依懷氏言，點事（Point-event）是也；依愛氏言，是間事（Interval）是也。兩家之言如此。可以見人類之認識，必有其共同者在；必有其絕對者在。若無此共同者或絕對者，則認識且不能，尚何學術之可言？故有愛氏之相對論，而不至陷於無標準者，其原因在此。」[註33]

張君勱翻譯的杜里舒關於相對論的書雖然出版於1924年，但他接觸相對論的時間卻在這之前。林徽因在〈悼志摩〉一文中曾說徐志摩「曾譯過愛因斯坦的相對言論，並且在1922年便寫過一篇關於相對論的東西登在《民鐸》雜誌上。他常向思成說笑：任公先生的相對論知識還是從我徐志摩大作上得來的呢，因為他說過他看過許多關於愛因

斯坦的哲學都未曾看懂，看到志摩的那篇才懂了。」[註34]徐志摩介紹愛因斯坦的文章名為〈安斯坦相對主義（物理界大革命）〉。[註35]徐志摩關於愛因斯坦的接受則來源於張君勱。

徐志摩在文章一開始就說；「吾秋天過巴黎的時候君勱送我一本安斯坦自著的《相對主義淺說》，告訴我要是有辰光，不妨研究一下。我離開巴黎就在路上看了一遍，字是一個個都認得的，比喻也覺得很淺顯的，不過看過之後，似乎同沒有看差不多。我可也並不著急，因為一則我自己科學的根柢本來極淺，二則安斯坦之說素，原不是容易瞭解之東西。到了英國，我又把那本書複看一下，結果還是『山東人吃麥冬，一懂不懂。』於是我想要懂總得請人指導。誰知問了許多人，大家都很客氣，一樣的說不懂。吾同住有位學工程的，算學物理都很精明，我就同他談起，我問他你看安斯坦的學理怎麼樣，他回答說他不管。他氣烘烘的說，你要聽他可糟了，時間也不絕對了，空間也不絕對了，地心吸力也變樣兒了，那還成世界嗎？我碰了一個釘子，倒發了一個狠，說難道就此罷了不成，他的學理無非要解釋宇宙間的現象，奈端得深淺闊狹，我多少理會一點。難道見了安斯坦就此束手。我也不再請教人了，自己去瞎翻。另外看了幾本書幾篇雜誌文字。結果可不能說完全失敗，雖然因為缺乏高深數學的緣故，不能瞭解他『所以然』的道理，不過我至少知道了那是什麼一回事。」[註36]

據徐志摩介紹，1920年秋天科學社在南京開年會的時候，任鴻雋在會上講一篇愛因斯坦的「相對說」，同時饒毓泰也在年會上講同一題目。徐志摩說：「任饒兩位當然是完全明白，不過聽他們的人，有

沒有聽懂，可又是一件事。這一回羅素到南京科學會裏又講安斯坦。我看見那篇譯文，聽實說除非有過研究的人，否則一席之談決不會有多大的效力。」[註37]

徐志摩這篇介紹愛因斯坦和相對論的文章，只是一般的介紹，大體可以說是一篇普及性的文字。但徐志摩對「相對論」認識卻是值得注意的。徐志摩說：「安斯坦在物理界的革命，已經當代科學家認可。……無論如何他發動了這樣一件大事業，應該引起全世界注意，不但是愛科學的人當然研究，就是只求常識的人，既然明白端奈的身份，就不可不知道安斯坦的價值。」除了科學價值外，徐志摩還認識到「這相對學說對於哲學也有極大的貢獻。」他進一步指出：「有人反對『相對說』，說他無非是一種玄思，並沒有科學的真義。照現在莫名其妙的哲學派別之多，也怪不得人家起那樣的疑心。不過說『相對說』決計不是無聊的玄思，有兩種理由。第一因為『相對說』是科學試驗的結果，並不是空口說白話，而且隨時可用科學方法來複驗的。第二『相對說』根本沒有玄思的意味，因為他完全脫離人生的感情意氣經驗種種，是純粹唯物的性質。尋常哲學多少總脫不了以人心解釋自然。相對說是徹底徹面拋開人間世的理念。我們人類一部知識史是發源於以個人為宇宙中心一直到放棄個人觀念，這『相對說』可算最後的一期。此是『自然法』的最後勝利，其範圍之廣為從前所未曾夢見。」[註38]徐志摩最後得出的結論是：「我們只要跟著科學走，總錯不到那裏去。」

1920年10月羅素在南京中國科學社的演講題目是「愛恩斯坦引力新說」。趙元任做翻譯。12月21日出版的《晨報》發表了這個演講。

羅素在演講中特別提到要瞭解愛因斯坦，要看愛丁頓的書。並認為「愛恩氏所得，要為實驗證實之科學大勝利。謂為牛頓後第一人，不為過也。」[註39]

羅素在這個演講中特別提到：「相對論的起源，它的一部分本來也是由一種相對的哲學態度而來，等到相對論今天告成，它的許多深有興趣的物理的成績也似乎有些哲學的結果。但是相對論雖然發達的如此之快，算起來究竟還是一個幾歲的科學嬰孩。所以對於它在哲學上的影響我們卻不可以抱太奢的希望。因為曾經有過許多很普遍的哲學的思想做過相對論的物理的研究和觀察的精神的鼓動力；但是後來相對論漸漸的證實過後，它的內容雖然更加豐富而堅固，可是反不如哲理家所願望的那樣概括和普遍，現在除非還是物理學的門外漢，才會還相信那些說過頭的概論。」[註40]

三、簡短結論

1922年愛因斯坦到上海時，張君勱曾見過他。愛因斯坦在上海演講時，張君勱問他對當時國際間流行的「心靈學」研究有什麼看法，愛因斯坦說這是不足道的。[註41]這個細節說明張君勱除了關心科學的發展外，更關心人生問題，他後來在清華演講的思路，與他對愛因斯坦所提問題之間或許有些關聯。

科玄論戰是因張君勱引出的，他大量接觸過當時關於相對論的知識，特別是英美哲學家對相對論的認識，所以評價1923年初張君勱在清華關於人生觀的演講及引發的爭論，要上溯到他與相對論的接觸和接受情況，才能有較完整的認識。雖然科玄論戰中涉及的問題，在此

前的《科學》雜誌上也曾有提及，但集中的討論卻是在張君勱演講之後。[註42]在這個意義上可以認為科玄論戰起源於相對論對中國知識份子的影響，也就是說相對論的傳播和接受觸發了張君勱的思考。張君勱對科學主義的懷疑態度，應當放在相對論的傳播這個背景下來理解，他對過分強調科學功能作用的提醒和警告，暗含著不能用絕對的態度觀察世界，這個思想的源頭無疑來自相對論的啟發。後來的事實提醒人們，在觀察中國現代思想的起源時，應當注意到同樣思想來源最後所導至了不同的思維方式，這種思想背景最後決定了中國知識份子的政治選擇。張君勱終身主張中國應走憲政道路，並為此奮鬥一生。而在科玄論戰中與他始終處在對立面的老朋友丁文江，在三十年代初期，曾一度提倡開明專制。這些思想的邏輯發展，如果往前追溯，其實在科玄論戰的過程中，雙方的思想路向已經顯示。林宰平在〈讀丁在君先生的玄學與科學〉中說：「君勱先生反對科學，他卻要邀集知好研究安斯坦的相對論。」[註43]丁文江在〈玄學與科學——答張君勱〉中認為：「等到愛因斯坦的相對論成立以後，牛頓的公例已經不能適用，因為愛因斯坦說，吸引的現象是空間的性質，無所謂力，用不著力的觀念。空間自己是曲線的，所以凡在空間運行的物質都走曲線，牛頓所說的直線運行，是世界所沒有的現象，用不著這種假設。君勱說，『近年以來，則有愛因斯坦之說，雖其公例之適用範圍有不同，然奈端公例之至今猶能適用，一切物理學家所公認者也。』讀者只要看愛因斯坦的『相對論』，再拿牛頓的Principle來比較，就知道他這種話有無根據。」[註44]

一般評價，在1923年這場科玄論戰中，科學派的思想占了上風。[註45]它對中國後來的影響也明顯超過「玄學鬼」，這使得中國現代思想中絕對觀念、一元論、決定論等思想特別容易流行。郭穎頤曾指出：「許多中國思想界領袖都成為科學一元論者，20年代的這種潮流，導致30－40年代更堅定地支持科學的力量，以及認為科學規律與人類發展的『規律』相一致的觀點。」[註46]過分推崇科學範圍的活動削弱了經驗論的思想風格。郭穎頤認為，在急切和混亂的30－40年代中，尋求科學的精神覺醒，所帶來的不是經驗論漸進和多元的思想方法，而是唯物論科學主義的教條結論。

【注釋】

註1：戴念祖：〈愛因斯坦在中國——記1922—1923年間愛因斯坦兩次路過上海和相對論在中國早期的傳播〉，載趙中立、許良英編《紀念愛因斯坦譯文集》（上海：上海科學技術出版社，1979），頁396。本文注意到了愛因斯坦與中國關係的主要線索，但細節較少，在梳理《東方雜誌》刊載愛因斯坦的情況時，遺漏了關桐華一篇介紹愛因斯坦的長文〈恩斯登——他的歷史和他的人生觀教育觀宇宙觀〉。該文分為四節分別是「一、恩斯登的歷史；二、恩斯登的人格和人生觀；三、恩斯登的教育觀；四、恩斯登的宇宙觀」。此文見《東方雜誌》19卷第12號，頁34－44，比《東方雜誌》的愛因斯坦專號恰好早了半年。作者關桐華是早年的留日學生，曾翻譯《羅素的相對原理觀》（1922年，商務印書館）。智效民在〈愛因斯坦為何與北大失約〉中使用蔡元培日記中的材料和當時京滬報紙中的相關報導，補充和充實了戴念祖論文中的細節。載《中華讀書報》（北京：光明日報社，2000年3年15日）。胡大年論文中發現了戴念祖沒有提到的武昌高等師範學校理化系主任李芳柏關於相對論的文章，並對他的情況做了介紹。Danian Hu The Reception Relativity in China：The Japanese Influence 姜振寰：《第十屆國際中國科學史會議論文集》（哈爾濱：未公開出版，2004）頁441。

註2：許崇清：〈再批判蔡孑民先生在信教自由會學說之訂正文並質問蔡先生〉，《學藝》（學藝雜誌社，日本，1917）第1卷第2號。關於愛因斯坦的譯名當時並不統一，主要因人的不同習慣而定。一般稱「恩斯坦、安斯坦、哀斯坦」為多。見嶺南大學圖書館編：《中文雜誌索引》第1集上、下卷（廣州：嶺南大學，1935）。索引中只列「恩斯坦」。本文除原始引文外，一律遵從約定習慣。

註3：景克寧、趙瞻國：《景梅九評傳》（太原：山西人民出版社，1990），頁364。

註4：中共中央馬恩列斯著作編譯局研究室：《五四時期期刊介紹》第3集下冊（北京：三聯書店，1979）頁710、1041。戴念祖查閱了《學匯》副

刊，但只列出了關於愛因斯坦來華的兩篇與蔡元培有關的文章，沒有提到景梅九如下文章：

〈相對性原理的真髓〉（石原純原著，老梅意譯49-52期）

〈時間及空間的相對性〉（石原純原著，老梅意譯，53-67期）

〈相對性原理和哲學上的問題（相對性原理序論第一節）〉（石原純原著，老梅意譯，68-70期）

〈相對必原理序論〉（石原純原著，老梅意譯，71-72期，74-75期）

〈相對性原理第一編〉（石原純原著，老梅意譯，78-83期）

〈相對性易解〉（老梅，86-92期）

〈科學的革命（相對論研究）〉（法國露霞諾爾曼著，老梅意譯，145-156頁）

〈安斯坦博士來華之準備〉（蔡元培，35-36期）

〈安斯坦在日本的言論〉（祁森煥68-69期）

註5：留學背景並不絕對決定一個人的思想傾向，但大體有知識方面的影響。中國早期知識份子的留學情況一般較為複雜。通常一個人會有多個國家的留學經歷。本文所謂留學背景，比較側重於他們最後的思想傾向。早年中華學藝社和中國科學社的成員有交叉情況。《中國科學社社錄》中有高魯、許崇清和張貽惠的名字，他們都是中國早期傳播相對論的留日學生。見《中國科學社社錄》（南京：中國科學社，1928）頁35、53、46。

註6：范岱年：〈一個曾致力於人文與科學交融的學術團體及其刊物〉，載《科學文化評論》（北京：中國科學院自然科學史研究所，2004）第1卷第3期，頁84。

註7：周昌壽：《相對律之由來及其概念》（上海：中華學藝社出版，商務印書館發行，1923），頁1。

註8：《相對律之由來及其概念》，頁2。

註9：《相對律之由來及其概念》，頁56。

註10：《相對律之由來及其概念》，頁57。

註11：《張競生文集》上卷（廣州：廣州出版社，1998），266頁。此文原載《社會科學季刊》（北京：北京大學，1923）第1卷第2期。原題為〈「行為論」的學理與方法〉。

註12：司密士著、聞齊譯《相對論與宇宙論》（上海：商務印書館，1923），頁3。

註13：《相對論與宇宙論》，頁3。

註14：羅志希：《科學與玄學》（北京：商務印書館，2000），頁31。

註15：《科學與玄學》，頁32。

註16：《科學與玄學》，頁96。

註17：張東蓀：《科學與哲學》（北京：商務印書館，2003），頁60。《改造》第3卷第8號（民國十年四月十五日）刊出「相對論號」時，有王崇植譯文兩篇，在〈相對律上之物質觀及自然律〉一文的前面有張東蓀一則短序：「《精神》（mind）季刊是哲學雜誌之白眉，凡學哲學的無不知之。本篇載在該雜誌一百十四號，作者是個英國最有力的相對論者。他在一九一九年赴南美北非做日食測量，結果證實安斯坦的第二，預言為相對律築了一座長城。此篇係王君所譯，經我略略修正，特為聲明。」（頁65）說明張東蓀當時對相對論的瞭解也很詳細。

註18：《科學與哲學》，頁147。

註19：唐敬杲：《現代外國人名辭典》（上海：商務印書館，1924），頁407。

註20：石原純著、谷神翻譯：《自然科學概論》（上海：商務印書館，1924）頁2。此書完成於1918年，1927年修改再版。書中第六章「自然科學之形式」中多次提到安斯坦相對原理。見頁138、139、157、171、195、196、200、204、205、246、247、251頁。順便提及，1949年以後為愛因斯坦和相對論在中國傳播做出很大貢獻的許良英先生，早年也受到過石原純的影響。筆者看到的《自然科學史概論》是許先生捐贈給中國科學院自然科學史研究所的藏書，上面有許先生

1947年購書的記錄。1949年前，中國知識界對石原純非常熟悉，一般關於科學的詞典裏都有他的名字。他的《物理學概論》1-4冊（周昌壽譯，商務印書館）《愛因斯坦和相對論原理》（石原純著，周昌壽譯），《電的故事》（石原純著、陳壽齡譯，商務印書館）等是書店常見的書。《自然科學概論》出版後，《科學論叢》第1集曾發表陳之平一篇書評。見《科學論叢》第1集，頁230。胡大年論文中重點提到石原純對中國留日學生的影響。1934年，馮司直在《天放早課》中曾說：「余不懂安斯坦相對論，而確信周易及道家所主張之相對論。」（見《天放早課》第1冊，石印本，1934年）馮司直也是留學日本的學生。

註21：《自然科學概論》，頁160。

註22：吳有訓：〈第4度量〉（《學燈》，1919）、魏嗣鑾〈定時釋體〉（《少年中國》，1920。李璜回憶說，魏嗣鑾德文與科學的根抵甚厚，而留德在哥定根大學名教授愛因斯坦手下獲得數學博士，知名於時。是中國留學生中懂得「相對論」的第一人，甚為留學界所稱道。見《學鈍室回憶錄》上卷第91頁，臺灣傳記文學出版社，1969年）。當時《東方雜誌》第17卷第3期上對1919年11月日食觀察測驗證相對原理一事作了介紹，題目是〈光線能被重力吸引之說〉1920年2月）。周培源在20世紀20年代後期開始從事廣義相對論和宇宙論的研究。1928年，他在加州理工學院完成博士論文〈愛因斯坦引力論中軸對稱體的引力場〉，獲得加州理工學院最高榮譽的評價。1929年周培源回國後，繼續從事廣義相對論、宇宙論和物質磁性的研究。1935年發表論文〈膨脹宇宙的引力理論〉。1936年周培源到美國普林斯頓大學高等學術研究院，參加愛因斯坦主持的討論班，從事關於相對論和宇宙論的研究，1937年發表論文〈愛因斯坦引力論中場方程的各向同性靜態解〉。20世紀20年代，周培源曾經提出愛因斯坦廣義相對論研究中的「座標有關」論的觀點，以後許多年「座標有關」論與「座標無關」論進行了長期的爭論，直到80年代後期，「座標有關」論終於獲

得了科學實驗的支持。（戴念祖：《中國物理學史大系·近代物理學史》（長沙：湖南教育出版社，2002），頁76、77。束星北20世紀20年代探索引力場與電磁場的統一理論。雖然束星北的探索和研究工作未能取得實質意義的進展，但他的有關研究在當時還是有啟發性的。20世紀40年代胡寧完成了廣義相對論方面的一項重要工作。1947年胡寧在《愛爾蘭皇家科學院院刊》上發表論文〈廣義相對論中的軸射阻尼〉。胡寧的這一工作得到了國外同行的高度評價，被認為是該領域中一項產生了廣泛影響和具有開創性的工作。田渠編著《相對論》（上海：正中書局印行，1948）。本書是作者在國立湖南大學物理系教書時的講義。上篇為狹義相對論，下篇為廣義相對論，為專業性介紹。

註23：舒衡哲著、李紹明譯《張申府訪談錄》（北京：北京圖書館出版社，2001）。張申府：《所憶》（北京：中國文史出版社，1993）。關於張申府傳播和接受相對論的情況，劉鈍曾有詳細評述。見〈革命、科學與情愛——《張申府訪談錄》讀後〉，載《科學文化評論》（北京：中國科學院自然科學史研究所，2004）第1卷第4期，頁114。

註24：二十世紀30年代，葉青等人在上海辦辛墾書店，同時出版《二十世紀》雜誌和《科學論叢》，大量翻譯介紹西方的科學著作。其中有愛丁頓的《物理世界之本質》和《星與原子》蒲郎克《科學到何處去》，蒲郎克書的序言為愛因斯坦所寫。蒲郎克、皮仲和譯《科學到何處去》，蒲郎克、張微夫譯：《星與原子》（上海：辛墾書店，1934）。王特夫：《物理學概論》（上海：辛墾書店，1934）。同時出版的《科學論叢》幾乎每期都有與愛因斯坦和相對論有關的內容。如第一集的愛斯坦《相對性理論》、第二集《論理論物理學之方法》、第三集的《場之新舊理論》，莘農根據日本石原純譯文譯出（上海：辛墾書店，1934）。郭穎頤對這個群體的評價是：對科學抱有極高的熱情，但對科學缺乏真正的理解。郭穎頤著、雷頤譯：《中國現代思想中的唯科學主義》（南京：江蘇人民出版社，1989），頁14。另外參見〈相對論淺說〉勒脫（英人）晚苕（譯）《哲學評論》

（上海：北京尚志學會，1927）第1卷第3期，頁126。恩斯坦〈伊太與相對論〉（《哲學評論》（上海：北京尚志學會，1928）第1卷第6期，頁153頁。愛斯坦著，孟昭英譯〈幾何學與經驗〉，載《哲學評論》（上海：北京尚志學會，1928）第2卷第2期，頁85。

註25：薛學潛：《易與物質波量子力學》（上海：中國科學公司經售，1937），頁3。此書現藏中國科學院自然科學史研究所圖書館。第三章為「相對論之基本議程式」。第二十四章「易說與相對論」。第二十五章「易說與相對論（續）」二十七章：「易說與萬有引力電力磁力」。早期中國學者從《易經》思維來談相對論的並不少見。如1921年，梁漱溟寫《東西文化及哲學》（北京：商務印書館，2003，頁124）時就說：「相對待固是相反而即是相成，一切事物都成立於此相反相成之調和的關係之上；純粹的單是沒有的，真正的極端是無其事的。這個意思我認為凡中國式思想的人所共有的；似乎他方也偶有一點，不過我記不清；我只記得從前看到一本書叫做相對原理（Principle of Relativity）是美國人卡魯士（Carus）著的，他講安斯坦的相對論，期間有好多話惹我注意。他所有的話都是根據『宇宙是大流』的意思而說，一切東西都在這大流中彼此相互關係。其最要緊的話就是：一切都是相對的，沒有自己在那裏存在的東西。」1944年，陳立夫著《生之原理》（重慶：正中書局，1944，頁42）時也認為：「時間空間互為體用，想依而不離，空間三進向而時間一進向，所以閔可夫斯基愛因斯坦說：宇宙是四進向的連續體。但是這種宇宙是四進向的連續體之說，我們的時空論所自出的中國《易經》早含蘊此種主張。《易經》中的六十四卦，正所以表狀此四進向的連續體的宇宙中之各種運動的形態。」

註26：日本田邊元著、周昌壽譯《最近自然科學》（上海：商務印書館，1926）第四章中第四節專講「相對性原理」。朱經農、唐鉞和高覺敷主編：《教育大辭書》（上海：商務印書館，1928），已重點列出了「愛因斯坦」和「相對論」的條目。本辭書的編委主要由當時中國

留日和留學歐美的學生組成。早年在中國介紹相對論的幾位重要學者都列為編委如高魯、任鴻雋、段育華、鄭貞文、周昌壽等。王星拱在《科學概論》一書中曾附錄介紹了「時間與空間之相對觀」。他說：「這一篇敘述，就是從《愛因斯坦的相對之理論》——一本通俗的小書，和此種敘述之散見於其他書籍中者，節錄下來的。」（《科學概論》第29頁，上海，商務印書館，1930）湯姆生著、胡明復等譯：《科學大綱》第4冊（上海：商務印書館，1931）第三十二篇「愛因斯坦之學說」。由當時東南大學數學系教授段育華譯。書中附有愛因斯坦的照片。並說明：「精深遠到，世界僅見之科學學說創造家。」張國仁：《世界文化史大綱》下冊（上海：民智書局，1932）本書專設一章「現代科學之革新家——愛恩斯坦」。對他的評價是：「從此愛恩斯坦的理論遂為科學界一致的崇拜。」

陳範予1933年根據英文翻譯柏恩黑第‧巴烏應克（Bernhard Bavink）著《現代科學的分析》上冊，其中第11章是「相對論與力場通論」。（中山文化教育館編輯，商務印書館發行）。1935年，陶行知主編的通俗知識雜誌《生活教育》第2卷連續介紹過愛因斯坦和相對論，作者均署名白桃。如〈質量、能和愛因斯坦〉（第3期）〈愛因斯坦的學說又得一證明〉（第9期）〈愛因斯坦最近宣佈的新學說〉（第14期）。在發表〈愛因斯坦的論說對嗎〉（第23期）一文時，還配發了一張愛因斯坦講課的照片並說明：「發明相對論的愛因斯坦，他是世界有名的大科學家。現在被希特勒驅出德國，在美國一所大學裏教書。他正在對學生們講大道理。寫在黑板上的方程式，是他常用的話語。」Grove Wilson著、曾寶施編譯：《世界科學名人傳》（上海：生活書店，1935）書中第二十八章，介紹了愛因斯坦的生平的學術貢獻，並附愛因斯坦拉小提琴的照片。認為相對論：「實際上對於我們百分之九十九的人這種理論是無用的。但如果你是一個天文學家或物理學家，則這理論非常重要了。這當然不是對於宇宙一種最後的解釋。最後的解釋，還是要追根於那最小的原子，電子。一切研究

都是要有賴於這個原子世界，也是要有賴於愛因斯坦的相對論。」L·Lnfrl著、秦仲實譯《科學在今日》（北平：1935）本書是一末介紹現代物理學的通俗讀物，書前有愛因斯坦的序言一篇。霍登著、應遠濤譯《近代科學與宗教思想》（上海：青年協會書局，1936）書中多次提到愛因斯坦。艾丁敦著、嚴鴻瑤譯《物理世界真詮》（南京：商務印書館，1935）皮仲和：《世界科學家列傳》（上海：中華書局，1936）有愛因斯坦的傳記。1935年8月27日，北平《晨報》發表周金〈論近人講惠施及其它辨者（二）〉一文，其中談到：「我們知道，自從愛因斯坦發表相對論之後，哲學上許多唯心論的區別，是曾經如何地企圖來解釋愛氏的相對論，企圖借此來否定空間時間的客觀存在，否定這空間時間的兩個客觀區別的範疇。事實上，愛氏相對論否定了絕對的空間和絕對的時間，填平了空間和時間不可過渡的鴻溝，可並不否認了空間時間的客觀存在。空間與時間的區別是相對的，但這種相對的區別，是在客觀存在『實有』，而非主觀的『錯覺』，卻又是絕對的。這是相對論真諦。」據陳曉農說，周金是陳伯達的筆名。（《陳伯達——最後回憶與口述》稿本第371頁）。1936年初，王雲五主編的「萬有文庫」中就收入了日本桑木彧雄著、沈因明譯的《愛因斯坦傳》（商務印書館，1936年），書後附有英文「愛因斯坦氏著述目錄」，這是當時最完整的愛因斯坦傳記。吉松虎暢著、張建華譯：《科學界的偉人》（上海：商務印書館，1937）有「提倡相對論的物理學家」一章，專門介紹愛因斯坦。並附愛因斯坦講課的照片。李書華等：《科學院概論》（重慶：商務印書館，1945）。石兆棠：《科學概論》（桂林：文化供應社印行，1942）第十八章即為：「愛因斯坦方法論的基礎」。盧於道：《科學概論》中也提到愛因斯坦（上海：中國文化服務社印行，1945）。任鴻雋、李珩、吳學周合譯 W·C·D Dampier-Whetham 原著：《科學與科學發展思想史》（上海：商務印書館，1946）第九章「物理學中的新時代」。介紹愛因斯坦的相對論。陳鴻恩等編譯：《五十科學偉人》（上海：世界書局，

1946）有愛因斯坦的傳記。1945年劉佛年翻譯出版了愛因斯坦和茵菲爾合著的《物理學的進化》一書。劉佛年在譯序中說；「這本《物理學的進化》在1938年由劍橋大學印書館出版。那一年我正在劍橋大學讀書，看見報紙雜誌上都熱烈地介紹這一本書，便也買了來看。果然覺得好得很。間與研究物理學的朋友們談起這本書，莫不交口稱讚，便存了一個翻譯的念頭。次年在法國，看見法文的譯本也已經出版了。近三年來在國立師範學院教書，得暇的時候便翻譯一點，時作時輟，直到最近才完成。」（劉佛年譯《物理學的進化》，1945年商務印書館，重慶）許思園《相對論駁議》在1942年以法文正式印行。後又被作者親自譯成英文。1944年，許思園到達普林斯頓，隨即出版了《相對論駁議》的英文本。許多學者紛紛來信，對論文發表意見。1945年6月7日，經愛森哈德引薦，愛因斯坦邀請許思園到家中做客。兩人就時局、宗教和中國哲學等問題進行廣泛交談。許思園把《相對論駁議》送給愛因斯坦，愛氏隨手翻閱後，謙遜地表示他對自己所寫的東西一直心存疑義。臨別時，他請許思園寫一摘要給他。不久，許思園寫就短文〈與愛因斯坦教授討論兩個問題〉，寄給愛氏。此文後譯成中文，發表於《東方與西方》雜誌（1947年8月）。（見胥弋〈許思園：一位「奇怪學者」的生平際遇〉http://wenxue.beelink.com.cn）

註27：羅忠恕：〈與愛因士坦先生的談話〉，載《觀察》（上海：觀察週刊社，1948）第5卷第20期，頁14。羅忠恕（1903－1985）曾任華西協和大文學院院長。1942年發動成立東西文化學社，與李約瑟有較多來往。

註28：劉義林、羅慶豐：《張君勱評傳》（南昌：百花州文藝出版社，1996年）。呂希晨、陳瑩：《張君勱思想研究》（天津：天津人民出版社，1996）。鄭大華：《張君勱學術思想評傳》（北京：北京圖書館出版社，1999）鄭大華：《張君勱評傳》（北京：中華書局，1997）

註29：陳兼善：《進化論綱要》（上海：商務印書館，1933），頁1。

註30：《科學》雜誌最早提到愛因斯坦是在1919年。楊銓：〈科學與研究〉，載《科學》（北京：中國科學社，1919）第5卷第7期。另載

《科學通論》（上海：中國科學社，1934），頁215。

註31：杜里舒著、張君勱譯：《愛因斯坦氏相對論及其批評》（上海：商務印書館，1924），頁1。

註32：《愛因斯坦氏相對論及其批評》，頁2。

註33：《愛因斯坦氏相對論及其批評》，頁19。

註34：梁從誡：《林徽因文集‧文學卷》（天津：百花文藝出版，1999），頁9。

註35：本文完成於1920年。正式發表於1921年4月15日出版的《改造》雜誌第3卷第8期。論文前面用英文列出論文所依據的科學文獻。分別是：1、愛因斯坦《相對論：廣義和狹義的理論》，倫敦麥修恩有限公司，1920年。2、A·S·愛丁頓《空間時間與萬有引力：狹義相對論概說》劍橋大學出版社，1920年。3、哈羅《從牛頓到愛因斯坦》。4、福來恩·西克《愛因斯坦相對論的理論基礎》，劍橋大學出版社，1920年。5、休·愛略特《相對論原理》，《愛丁堡評論》1920年10月，316—331頁。6、威爾登·卡爾《相對論原理：哲學與歷史和取向》，倫敦麥克米倫，1920年。載《徐志摩全集》（南寧：廣西民族出版社，1991）第4卷，頁29、30頁。原文中科學文獻的翻譯者為傅光明。

註36：《徐志摩全集》，頁30。任鴻雋認為：「二百餘年以來，牛頓的萬有引力說，已為學者認為『人智慧及之最大限度』，不意二十世紀以來，又有安斯坦（Einstein）的引力新說發明，比較牛頓的引力說更為普遍而精確。所以我們若是要把行星系統的發明做一個『完全的敘述』，應該以安斯坦的引力新說為止。」（任鴻雋《科學概論》上篇（上海：商務印書館，1926），頁60

註37：《徐志摩全集》，頁31。

註38：《徐志摩全集》，頁46。

註39：袁剛：《羅素在華講演集》（北京：北京大學出版社，2004）頁11。12月21日在北京大學講「物的分析」。這是專業性演講，後由任鴻雋和趙元任譯出。

註40：《羅素在華講演集》，頁243。

註41：《愛因斯坦在中國》。

註42：《科學通論》。

註43：張君勱：《科學與人生觀》第164頁，（瀋陽：遼寧教育出版社，1998），頁164。

註44：《科學與人生觀》，頁17。

註45：傳統先《現代哲學之科學基礎》（上海：商務印書館，1936），頁1、31。張東蓀為本書寫的序言中說：「自胡適之先生作了一二次演講，主張科學將來可以代替哲學以後，國人在思想上似乎有些人因此遂誤會以為哲學與科學是相衝突的。最明顯的是所謂科玄論戰。凡站在科學一方面攻擊玄學的人在隱隱約約中至少總是示人以科學與哲學是相反的。」本書第三章「時空問題在相對論之解決」，專門研究相對論在哲學上的貢獻。

註46：郭穎頤著、雷頤譯：《中國現代思想中的唯科學主義》（南京：江蘇人民出版社，1989），頁14。

一、中山艦事件的研究現狀

中山艦事件（亦稱三二〇事件）是中國現代史上的著名事件。它對中國現代歷史的發展產生過重要影響。因為此次事件對後來分析國共關係、汪蔣關係、國共雙方與蘇聯的關係以及對陳獨秀的評價等問題至關重要，所以近二十年來關於它的研究很多。其中比較重要的研究者如楊天石、楊奎松、羅志田、馬振犢等，都先後作過專門或者相近的研究。[註1]

目前關於中山艦事件研究的主要成果以楊天石為代表。楊天石曾在一篇文章中認為，根據大量翔實、可靠的資料，他得出了這樣的結論：1、中山艦駛往黃埔並非李之龍「矯令」，它與汪精衛、季山嘉無關，也與共產黨無關。多年來，蔣介石和國民黨部分人士一直大肆宣傳的所謂「陰謀」說顯然不能成立。2、蔣介石沒有直接給海軍局或李之龍下達過調艦命令。因此，所謂蔣介石下令

而又反誣李之龍「矯令」說也不能成立。3、中途加碼，「矯」蔣介石之令的是黃埔軍校駐廣州辦事處主任歐陽鍾。其原因在於國民黨右派想「拆散」當時廣州國民政府的團結局面，挑撥國共關係，「使共產黨和蔣分家」。

楊天石特別指出：就蔣介石誤信右派謠言來說，中山艦事件有其偶然性；就當時國民黨內左右派的激烈鬥爭和蔣介石的思想來說，又有其必然性。「蔣介石和左派力量爭奪領導權的鬥爭必不可免，即使沒有右派的造謠和挑撥，蔣介石遲早也會製造出另一個事件來的。」[註2]

對於這一項學術成果，楊天石說過：「我根據蔣介石日記、中山艦事件案卷、蔣介石、汪精衛來往函件等多種未刊資料，寫成〈中山艦事件之謎〉一文，提出了與舊說不同的新解。該文謬蒙胡喬木同志肯定，認為是一篇具有『世界水平』的好文章。並蒙中國科學院授予優秀科研成果獎。繼上文之後，我又發表〈中山艦事件之後〉一文，論證當時對蔣介石妥協政策，源自蘇俄方面。」[註3]

關於中山艦事件國內的研究概況，大體以楊天石的觀點為基本定論。楊奎松、羅志田等學者在他們的相關文章中多次強調過這一點。我注意到，對中山艦事件研究成果的評價中，有一件重要的檔案材料極少為人提起，這就是《蘇聯陰謀文證彙編》（本文稱為檔案，只是在一般的意義上使用這個說法，嚴格說它也不是原始檔案）。對這一材料的忽視，可能有其他方面的原因，但不指出這一事實，對於學術研究的判斷來說是不恰當的。也反映了目前學術研究的規範、學術境界以及學術風格問題，而這一問題如果不是直接觸原始材料，有時候是很難發現的。

二、中山艦事件研究突破的前提

實事求是地說，中山艦事件研究的主要突破來自於兩個歷史文件。一是〈斯切潘諾夫出席廣東蘇聯委員團共產部集會對於蔣介石與俄共產黨間之分裂及利用蔣介石計畫之報告（極要第十七卷第六六號）〉和〈斯切潘諾夫關於蔣介石與俄人衝突後俄人在廣東現時情形之報告（極要第十七卷第六六號）〉註4

這兩個報告在編入《共產國際與中國革命資料選輯（1925－1927）》一書時，分別被改名為〈關於「三二〇」事件的報告〉和〈關於「三二〇」事件後廣東情況的報告〉。註5雖然編者以註腳的形式作了一個說明，但從嚴格的學術規範評價，這種選擇是不恰當的。該書使用了許多《蘇聯陰謀文證彙編》中的材料，但標注來源時多不規範，不僅注釋形式不規範（如原書分類編排，應該把分類標題注在書名號內，但該書卻注在書名號外，即不對原始材料來源作任何說明，也不標注卷數和頁碼）。到《共產國際、聯共（布）與中國革命文獻資料選輯（1926—1927）》出版時，直接沿用了《共產國際與中國革命資料選輯》中的材料。這樣一套資料性很強的專業工具書，不從原始材料中選擇文件，很難保證它的權威性。註6

在國內所有研究中山艦事件及相關歷史問題的學者中，我注意到，只有楊天石一人直接引用過《蘇聯陰謀文證彙編》一書，像楊奎松、羅志田、王奇生和馬振犢這些非常注意引用原始材料的學者，在這一問題上全部使用了第四手材料（如果以原始檔案為第一材料來源，《蘇聯陰謀文證彙編》已是第二手的材料了）。雖然大的判斷沒有出問

題，但在細節上，因為沒有使用完整的早期材料，影響了研究的深度和豐富性。《蘇聯陰謀文證彙編》中所包括的所有材料，與這些學者的研究都密不可分。可以説，如果不完整使用這套材料，對有些歷史現象的解釋是欠説服力的，比如當時國共兩面如何使用蘇聯的經費，使用的清單和用途等等。這些學者的論文中，西文和港臺文獻的使用情況非常普遍，但也沒有見到他們直接使用過這套材料。註7從胡喬木對楊天石中山艦事件研究的評價中可以推斷，他可能也沒有看到過這套材料。

三、關於《蘇聯陰謀文證彙編》

楊天石1988年發表〈中山艦事件之謎〉時，注釋中還沒有出現《蘇聯陰謀文證彙編》，到了1992年在《歷史研究》雜誌發表〈中山艦事件之後〉一文時才開始使用《蘇聯陰謀文證彙編》。引證情況如下：註8

> 第23頁
> ①《蘇聯陰謀文證彙編》卷首影印俄文原件及中譯件
> ④斯切潘諾夫報告：《蘇聯陰謀文證彙編・廣東事項類》第35-36頁
> 第24頁
> ②斯切潘諾夫報告：《蘇聯陰謀文證彙編・廣東事項類》第38頁
> ③④⑤⑥同上書，第36-38頁

⑦⑧同上書，第40-41頁

第25頁

④斯切潘諾夫報告：《蘇聯陰謀文證彙編・廣東事項類》第36、38頁

我對比了本文收入《蔣氏秘檔與蔣介石真相》一書時的注釋情況，頁碼相同。在本書的「引用文獻目錄」中的「圖書」一欄中注明：「《蘇聯陰謀文證彙編》，張國忱編，北京，線裝本，1927」[註9]

《中華民國史》第二編第五卷是楊天石主編的，本書也使用了《蘇聯陰謀文證彙編》。注明：「張國忱編　北京　1927年　線裝本」。[註10]由此可見，楊天石使用的《蘇聯陰謀文證彙編》是「線裝本」。但關於《蘇聯陰謀文證彙編》的具體版本情況，卻沒有作過任何說明。

《蘇聯陰謀文證彙編》本身的版本情況是這樣的：

比較容易見到的是臺灣沈雲龍主編的「近代中國史料叢刊」第三編第41輯，臺灣文海出版社，1988年影印出版。

兩函線裝本11冊，張國忱等編譯，1928年出版。

但在這兩個版本之外還有一個普通洋裝書，十六開本，共四冊。斯切潘諾夫第一個報告的起始頁碼是第二卷的「67頁」，第二個報告的起始頁碼是「74頁」。 王森然1934年完成的《李大釗評傳》中提到：「搜獲蘇俄文件千餘件。（有《蘇俄陰謀證彙編》四冊），其他手槍、步槍、子彈及共產黨書籍，與各種旗幟、黨章等。」[註11]

《蘇聯陰謀文證彙編》是1927年4月6日北京軍警搜查駐京的蘇俄大使館後得到的文件，當時「俄館案中之證據文件，堆滿兩屋，清檢不易。其俄文部分，更需逐一翻譯，尤費手續，迭經警廳公佈，多紙目錄清單。」[註12]同時公佈的主要是「軍事秘密之偵探」和「蘇俄在華所用經費」兩項。在搜查這些文件時有些已經燒毀，所以《蘇聯陰謀文證彙編》中有些文件是殘缺的。

當時這是一件非常有名的事件。顧維鈞曾回憶：「1927年4月6日，我任總理和外交總長時，中國憲兵襲擊了蘇俄使館並沒收了大量秘密文件。襲擊的命令是張作霖大帥下的，由安國軍憲兵在張作霖總司令部外事處的指揮下執行的。」[註13]

北京警署後來把搜查到的主要文件，在很短的時間內翻譯成中文編成《蘇聯陰謀文證彙編》印行。書前有六篇序言，首篇為張學良所寫。這套材料不是作為圖書發行的，因為沒有注明出版單位。可能只是作為一種資料供相關機構使用。當時中國稍大一點的圖書館可能都曾得到過，特別是高等院校的圖書館。

瞭解這個史實後，簡單注明「線裝本」是不完整的。因為這樣的材料並不常見，所以從史源的角度觀察，應當對這個材料加以特別的說明。另外使用「線裝本」，使用時更應當注明卷數和冊數，因為「線裝本」的卷數和冊數編排，有它特殊的規律，如不詳加說明，旁人不好檢索。

就我所見到的材料判斷，國內最早使用《蘇聯陰謀文證彙編》的是《共產國際與中國革命資料選輯（1925－1927）》一書。可以肯定地說，本書編者所使用的材料與我所見到的是同一版本。因為在前

述的兩個斯切潘諾夫的報告中，《蘇聯陰謀文證彙編》有一處把「李之龍」錯成了「李成龍」。後來的編者特別用註腳形式加以說明，可見使用的是同一版本資料。如果不是同一版本，不可能錯處也完全相同。另外，洋裝書的紙型不可能與「線裝本」同一。

1996年中國第二歷史檔案館在公佈蔣介石檔案中的「中山艦事件」時曾指出：「1988年及1992年，中國社會科學院近代史所的研究人員曾利用本專題檔案撰寫了〈中山艦事件之謎〉及〈中山艦事件之後〉等系列文章，發表後引起很大反響，同時也吸引海內外史學工作者對這些檔案產生極大關注。」[註14]這兩篇文章的作者都是楊天石。

近年中國近現代史學界的主要學術成果是以檔案的解密為依賴的，這當然是最重的事。但因為歷史檔案的集中和大量解密，使許多歷史研究者著作中的智力因素開始下降。在許多著名的研究成果中，我們很少看到那種經多年積累，而偶然得之的以小見大的學術研究。學者習慣於集中始用檔案和依賴直接材料解釋歷史現象，從學者到學生已很少注意從大量與本專業看似無關的雜書中獲取學術靈感和材料，最後使歷史研究中的趣味降到了很低的水準。在這方面，我個人以為還是要多向老輩學者學習。歷史研究中過分的簡單專業化和簡單科學化，會使歷史學成為一門索然無味的學科，這是非常可怕的。

關於中山艦事件的研究水準和成果評價，我們最後會發現，它實際上是沿著這樣一個線索發展的。先是陳公博《苦笑錄》在大陸的出版，接著是張國燾《我的回憶》的大量發行，再加上《包惠僧回憶錄》的問世。這三本回憶錄雖然各有各的傾向，但都為解釋一個歷史事件提供了角度。接下來是《蔣介石年譜初稿》和隨後的〈蔣介石日

記類鈔・黨政（一）〉的公佈。[註15]但在所有材料中最重要的還是《蘇聯陰謀文證彙編》。沒有這個材料，就沒有後來對中山艦事件的新認識，這也就是為什麼幾乎所有關於中山艦事件及相關的研究中，斯切潘諾夫的報告是引用率最高的一個基本文獻。可惜這套早已成型的資料匯編，很少有研究者對它的來源及版本情況詳加說明，並強調它的重要性。其實在前面提到過的那些回憶錄中，已有多處涉及這套資料。

陳公博在《苦笑錄》中說：

「恰好那時在上海的英國別發書莊出版了一本英文書，那是張作霖在北京圍抄俄國大使館，沒收許多共產黨的秘密文件，翻譯成英文發刊，作為反對國民革命軍的一種宣傳。裏頭對於三月二十日之變以前的陰謀，一點也沒有記載，獨至在三月二十日之後，俄國顧問團在東山開秘密會議時，那討論和決議倒清清楚楚的有記錄。當時黃埔軍校的俄國顧問斯板諾夫在會議上報告三月二十的經過，說事變之前，一點也不知，但他的意見以為為求國民革命完成起見，俄國仍應利用蔣介石。就是俄國使館給莫斯科的報告，也有同樣的獻議。

為了這事，我寫了一封很長的信給蔣先生。第一，說明我在武漢當時已面質過汪先生，汪先生極力否認此事，而且證以當日汪蔣相依為命的情形，汪雖至愚，也不至出此。第二，說明別發書莊有這些俄國秘件，如果汪先生和俄國顧問有謀害他的事，何至於一些痕跡也沒有，至三月二十日之後俄國顧問還主張要利用他。第三、我以為在汪蔣合作時期，立夫先生不應在市黨部作這種挑撥離間，和混淆視聽的演說，致黨又發生破裂。末後我更請他買一本英文小冊子一看，因為宋美齡夫人是懂英文的。」[註16]

別發印書館是近代以來在華的著名印刷機構之一，1870年由英商別發洋行創辦，經理施露。如果陳公博的記憶不錯，那麼這套資料可能還有英文本流行。不過因為蔣介石自己對搜查俄使館持否定態度，不可能讓這樣的資料大量流傳。1927年4月8日，蔣介石對搜查俄使館事件曾有專門慰問電，其中說：「茲敬以最誠懇之友誼，專電奉慰貴代大使暨全體館員。」[註17]這是當時中國各政治勢力中唯一發給蘇俄使館的慰問電。

鄒魯在《回顧錄》中說：

「後來張學良在北京搜檢蘇聯大使館的時候，在文件中發現一個鮑羅廷的報告，其中說『汪兆銘有野心，無宗旨，可利用。』共產黨因此利用汪以除異己，來擴展勢力，而汪則借共產黨以滿足自己的野心。毋怪汪、鮑膠漆相投了。」[註18]

雖然記憶有誤，但提到的大使館秘密文件確是真實存在的。

陳立夫在《成敗之鑒》中也提到了這件事：

「那時俄國方面也不願和蔣先生的關係惡化，後來在北平蘇俄大使館的文件中，發現當時俄顧問受莫斯科的責備，稱他們輕舉忘動。因為他們知道中國北伐成功對俄國只有好處，雖然我們革命是以三民主義為基礎，但三民主義和共產主義都是社會主義，相當接近，對反對帝國主義是站在同一戰線上的，當時可以互相獲益。」[註19]

因為不是常見的資料，所以這些重要人物在寫回憶錄時都沒有去查閱，但他們提到的事實，大體不錯，解釋雖有不同，但關於俄使館的秘密文件的基本事實是真實的。對這一基本材料的使用，涉及對前輩學術工作的尊重和評價問題，所以雖是小事，但應特別引起特別注意。

【注釋】

註1：楊天石：〈中山艦事件之謎〉，《歷史研究》1988年第2期，楊天石〈中山艦事件之後〉，《歷史研究》1992年第5期。楊奎松〈蔣介石從「三・二〇」到「四・一二」的心路歷程〉，《史學月刊》2002年第6、7期。楊奎松〈走向「三・二〇」之路〉，《歷史研究》2002年第2期。馬振犢〈「偶然」之中的「必然」——1926年中山艦事件性質論〉，《民國檔案》1999年第4期。羅志田〈國際競爭與地方意識：中山艦事件前後廣東政局的新陳代謝〉，《歷史研究》2004年第2期

註2：楊天石《蔣氏秘檔與蔣介石真相》第115、116、121、127、129頁，社會科學文獻出版社，2002年2月，北京

註3：同上555頁

註4：分別見張國忱主編《蘇聯文證彙編》第2卷第67、74頁，1927年印刷，北京

註5：共產國際與中國革命資料選輯（1925－1927）第115、122頁，人民出版社，1985註5月，北京

註6：共產國際、聯共（布）與中國革命文獻資料選輯（1926－1927）上冊第148、153頁，北京圖書館出版社，1998年8月，北京

註7：王奇生《黨員、黨權與黨爭－1924－1949年中國國民黨的組織形態》，上海書店出版社，2003年10月，上海。本書使用了大量文獻，但沒有使用《蘇聯陰謀文證彙編》。因為從這個材料中更可以看出國共兩黨的組織起源問題。比如到今天還在使用的幹部履歷表的最初形式的來源可以從中得到索解。

註8：楊天石〈中山艦事件之後〉，《歷史研究》1992年第5期

註9：楊天石《蔣氏秘檔與蔣介石真相》第572頁，社會科學文獻出版社，2002年2月，北京

註10：楊天石主編《中華民國史》第二編第五卷第747頁，中華書局，1996年2月，北京

註11：王森然《近代名家評傳》（初集）第333頁，三聯書店，1998年11月，北京

註12：懶泉〈俄使館黨案始末記〉，《國聞週報》第4卷第15期第3頁，1927年4月24日，北京

註13：《顧維鈞回憶錄》第一分冊第364頁，中華書局，1983年5月，北京。

註14：《民國檔案》1996年第1期第3頁

註15：《蔣介石年譜初稿》，檔案出版社，1992年12月，北京。〈蔣介石日記類鈔・黨政（一）〉，《民國檔案》，1998年第4期，南京

註16：陳公博《苦笑錄》第48－49頁，東方出版社，2004年3月，北京

註17：懶泉〈俄使館黨案始末記〉，《國聞週報》第4卷第15期第3頁，1927年4月24日，北京

註18：鄒魯《回顧錄》第145、159頁，岳麓書社，2000年9月，長沙

註19：陳立夫《成敗之鑒——陳立夫回憶錄》第57頁，正中書局，中華民國八十三年七月，臺北

解讀一份文件

一、檔來源及意義

〈中央宣傳部關於胡風及胡風集團骨幹分子的著作和翻譯書籍的處理辦法的通知〉，在以往關於胡風及胡風集團案件的研究中，未見引述，在收錄建國以來的幾本重要文獻選集中，也沒有收集。[註1]胡風集團案件的當事人也沒有提到過有這樣一份文件存在。本文認為，這份文件在研究胡風事件中有重要意義。雖然檔案法早已公佈，但關於檔案解密的制度實際上並不存在，因為重要檔案屆時自然解密的事實極少，所以對於研究者來說，從各種渠道獲得相關的研究材料本身也是重要的學術工作。這份檔是一位不願意透露姓名的人，在1998年夏天從山西太原市南宮舊貨市場發現的，本文使用的是複印件。文件由中共中央宣部辦公室下發，總號為（55）014號，文件起草時間為：1955年7月28日，下發時間為：1955年7月30日。文件全文5頁，共印315份，沒有標明任何保密

級別，本文使用的是第11號，對比五十年代中央文件的發文格式，本文件的真實性沒有問題。

這份文件的重要性在於，這是二十世紀五十年代明確宣佈查封作家書刊的例證，這個例證說明，當時對文學的管理有相當嚴密的制度。不管個人作品（包括翻譯作品）的思想內容如何，只要個人在政治上被認為是異端，所有的作品自然就要被查禁。從文件後附錄的「應停售和停版的胡風及胡風集團骨幹分子的書籍目錄」中可以看出，連恩格斯和高爾基的著作，因為譯者是胡風分子，所以也不得再版和出售，並不得在圖書館公開借閱。這份文件的存在，說明五十年代的文學管理制度以控制作家為主要目的。

二、胡風事件的文化背景

作為一個歷史事件，胡風案件已經終結。但作為影響了二十世紀中國文化的一個歷史事件，解讀這一事件中所包含的思想文化資訊，卻是有意義的。胡風案件的發生，最重要的因素，是因為毛澤東對這一事件表現出了特殊的興趣，但在這一事件的發生過程中，可以觀察到事件的背後，實際隱含著中國幾類現代知識份子之間的思想衝突，如果沒有這個衝突的背景，那些偶然的突發性因素，不可能發生那麼大的作用。

二十世紀五十年代初，在整個思想文化領域中，幾類知識份子的角色是不同的。中國現代知識份子的主體本來是自由主義知識份子，但這個群體在當時基本上已沒有自己的活動空間。作為一種政治勢力，因為四十年代他們選擇了走聯合的道路，最後喪失了自己的獨立

性。這個群體的主要成員選擇留在大陸,其中的代表性人物,在民主黨派中獲得了相應的位置。但民主黨派的作用,毛澤東1957年1月在省委書記會議上的講話中曾說得很清楚:

「那時候還要看情況,這關係到國際問題。出這一點錢買了這麼一個階級(包括它的知識份子、民主黨派共約八百萬人),他們是知識比較高的階級,要把他們的政治資本剝乾淨,辦法一是出錢贖買,二是出位置安排。共產黨加左派占三分之二,三分之一非舉手不可,不舉手就沒有飯吃。」[註2]

這個群體中的成員,在1952的思想改造運動和隨後發生的清算胡適思想運動中,已經沒有了四十年代和國民黨抗爭時的勇氣。中國自由主義知識份子的命脈最後沒有斷絕,一個重要因素是它的領袖人物最後沒有選擇留在大陸,像胡適、傅斯年和蔣夢麟等,他們的思想最後由殷海光繼承下來。

中國自由主義知識份子群體,在抗戰前發生的「一二九學生運動」中,分化出一批人,主要是青年學生和少量的教授,一般稱之為「一二九知識份子」。這個群體的主要部分到了延安,成為「延安知識份子」的一部分,另外一部分人,留在國統區,與早兩年的左聯成員在一起,一般稱之為成為「左翼知識份子」。[註3]

這幾類知識份子當時的角色並不相同。當時以西南聯大為主體的自由主義知識份子,早已退居邊緣。所以他們在胡風事件中,基本不在事件中心,只是一般地表表態,寫寫官樣文章。當時有資格進入權力中心的是:「延安知識份子」、「一二九知識份子」和「左翼知識份子」。在這三類知識份子中,「延安知識份子」是主流,而

「一二九知識份子」和「左翼知識份子」相對又處於邊緣，特別是真正的「左翼知識份子」（主要來源於國統區），他們有進入權力中心的可能，但實際並沒有進入。

胡風事件從知識背景上可以解讀為是「延安知識份子」和「左翼知識份子」之間的衝突，周揚代表延安，胡風代表左翼知識份子。

胡風分子的主要來源以胡風辦《七月》和《希望》雜誌的作者群為主，都是熱血青年，一般都受過大學教育，是那種有才華，同時也有個性的知識份子，他們最終沒有被打垮，與他們意志（相對其他知識份子）堅定有關。作為一個知識份子群體，胡風分子是重返文壇後，比較集中表現出創作實力的一個作家群體，這與他們的文化素養分不開。

胡風一生的命運，可以說最後由「延安知識份子」掌握，他的平反多有周折，也是因為「延安知識份子」的整體思想傾向決定的。

胡風的文藝思想在自由主義知識份子那裏，並不是不可以存在，只是在「延安知識份子」眼裏才成為異端。1943年，在重慶領導中共南方局的周恩來就對喬冠華、陳家康、楊剛等人的文藝思想提出過批評，因為他們的思想與延安不統一，這些人是「一二九」中的左派，但他們的「左」，並不同於延安的「左」，胡風雖然與他們的思想不完全相同，但可以共存。在胡風事件中，雖然從人情上這些胡風早年的重慶朋友，後來對他非常冷漠，但在胡風事件中，還沒有有意加害於他，置胡風於死地的是「延安知識份子」。

1948年香港《大眾文藝叢刊》集中發表邵荃麟、喬冠華、胡繩和林默涵批判胡風的文章，可以看作是胡風事件的真正開始，此前對

胡風的批判和教育與此次性質不同。後來這些作者在胡風事件中,都程度不同地發揮了作用。因為在胡風事件中負責具體事務的主要是中宣部和中國作家協會,而這兩個機構的主要負責人都是「延安知識份子」,當時胡繩和林默涵都在中宣部。

1943年,當中共中央發現國統區有對延安文藝座談會精神的懷疑情緒時,就派人去做思想工作,當年派去的都是延安的得力幹將,如劉白羽、何其芳和林默涵。後來批判胡風的時候,他們也起了很重要的作用。

胡風事件的起源與林默涵和何其芳有直接關係,在一定意義上,可以說是他們的文章刺激了胡風。

《文藝報》1953年第2號和第3號上,先後發表了中共中央宣傳部文藝處處長林默涵〈胡風的反馬克思主義的文藝思潮〉和北京大學文學研究所副所長何其芳〈現實主義的路,還是反現實主義的路?〉,這兩篇文章由作者根據他們在中宣部召開的胡風文藝思想討論會上的發言整理而成,文章可能是奉命的(據林默涵回憶,寫這兩篇文章有周恩來的意思),但文章的作者沒有對被批判的胡風保持起碼的尊重。

林默涵在文章中最早提出了「以這種錯誤的文藝思想為中心,在胡風周圍曾結成了一個文藝上的小集團。」雖然林默涵也同時提到「不是說他們有什麼嚴密的組織,不,這只是一種思想傾向上的結合。」但熟悉歷史的人應該懂得,這種「小集團」的說法是最為嚴厲的,因為這意味著出現了有組織的政治力量。毛澤東後來就是在這個說法的基礎上,把胡風和他的朋友稱為「胡風反黨集團」。由此引發了全國展開肅清暗藏的反革命分子運動,這次運動不同於此前發生過

的鎮反運動，因為那個運動指向相對明確，而肅清暗藏的反革命分子運動，是一個在運動指向上含糊的政治運動，所以搞得人人自危。這次運動還有一個特點，就是從中央到地方，普遍成立所謂的「五人小組」，他們的權力不但超越地方一般黨組織，而且超越公檢法組織，造成大量的冤假錯案，由「五人小組」發展到了後來的專案組，成為當時政治鬥爭的一種主要工作方式。

胡風1954年7月通過習仲勳向中共中央提交了〈關於幾年來文藝實踐情況的報告〉，這期間並沒有發生什麼事。10月，關於《紅樓夢》研究問題發生後，在《文藝報》召開的會議上，胡風的發言才引起讀者注意。

1955年1月12日，毛澤東在中國作協關於公開印發胡風給中央報告的部分上作了批示：

「劉、周、鄧即閱，退定一同志，照辦。」「作了一點文字上的增改」。^{註4}

毛澤東增寫的內容主要是：「應在文藝界和《文藝報》讀者群眾中公開討論，然後根據討論結果作出結論。」

因為有了這個批示，周揚在1月15日，就他和胡風談話情況給中宣部長陸定一併轉毛澤東一份報告。送報告的同時，還把胡風5月13日寫的〈我的聲明〉附上。報告中說，昨晚胡風來談話，承認錯誤，說他是以小資產階級觀點來代替無產階級觀點，思想方法片面，並有個人英雄主義，以至發展到與黨所領導的文藝事業相對抗，並說希望不要公開發表他1954年7月給中共中央的報告，如要發表，也希望作些修改，並在卷首附上他的一篇聲明。但毛澤東不同意，他在報告

上批示：「劉、周、小平閱，退周揚同志：（一）這樣的聲明不能登載；（二）應對胡風的資產階級唯心論，反黨反人民的文藝思想，進行徹底的批判，不要讓他逃到『小資產階級觀點』裏躲藏起來。」[註5]

胡風的聲明本來已經承認了錯誤，但毛澤東不原諒。在胡風事件中，有一個現象可以說明「延安知識份子」的思想傾向，他們在政治鬥爭中，沒有對處於弱勢的對手產生同情，當年周揚在延安對王實味的態度，又重新拿來對胡風了。周揚給中宣部長陸定一和毛澤東的信，現已傳抄出來，[註6]從信中可以看出周揚對胡風沒有一點好感，他特別說明了：「我們覺得發表這個說明，是於我們不利的。」實際上毛澤東後來是認同了周揚的建議。

1955年1月20日，中共中央宣傳部給中央送達一份報告〈中共中央宣傳部關於開展批判胡風思想的報告〉。[註7]1月26日，中共中央就批覆了這個報告，這個報告已把胡風推到了絕境。據黎辛回憶「那時中央對中宣部報告的批示，多是中宣部代為起草的，此件是否中宣部代為起草的，我說不清。」根據當時中宣部的工作習慣，對口的文件一般由相應的處室起草，這個報告可能是由當時的文藝處起草的，而當時的文藝處長是林默涵。

《楊尚昆日記》中有這樣的記載：

1955年1月11日：「夜與胡繩同志商量關於高饒問題報告的幾段內容問題，同時談到了反胡適和胡風思想的一些問題。」第二天，毛澤東就在中國作協給中央的信上作了批示。

1月14日：「看看胡風的意見，20萬字長，真是洋洋大觀！小資產階級的東西和資產階級的東西，實在不少！一寫就很長。讀讀

這樣的東西，以及再讀讀批評它的文章，自己是可以學到一些東西的」。註8

5月13日《人民日報》發表關於胡風反革命集團的第一批材料。15日，毛澤東又在周揚的信上作了批示。楊尚昆當時是中辦主任，中宣部的報告和周揚的信都是由中辦轉毛澤東的。從《楊尚昆日記》中可以得到一個資訊，就是在毛澤東對中國作協報告和周揚來信作出批示前，胡繩已知道了中央對胡風的態度，胡繩是四十年代末在香港參與批判胡風的作者之一。隨後中央對胡風問題連續開會，可見重視程度。《周恩來年譜》記載：

5月17日：「凌晨，到毛澤東處開中共中央書記處擴大會議。會上談關於胡風問題。」

5月18日：「晚，到毛澤東處開中共中央書記處擴大會議。會議討論關於胡風問題和接見印度梅農問題。」

5月23日：「晚，到毛澤東處開會，會議討論有關胡風問題。參加者還有鄧小平、彭真、陳毅、羅瑞卿、陸定一、周揚、譚震林。」註9

《楊尚昆日記》這幾天的記載是：

5月13日：「今天《人民日報》公佈了胡風的自我批判並附有舒蕪的〈關於胡風反黨集團的一些材料〉編者按：號召胡風集團的一切分子站出來向黨交待，交出與胡風往來的密信，交出來比隱藏或銷毀更好些！我以極大的興趣讀了舒蕪的東西（胡的文章簡直無法看！）。胡風集團是一個長期仇恨黨的反革命集團，應該是無疑的了！」

5月19日；「下午饒案五人小組繼續開會，聽取徐子榮的彙報，因陳毅同志會梅農，故未開會。同時聽了一些有關胡風集團的材

料。……胡風案，是一個反黨反人民的專案，已決定捕起來。其爪牙甚眾，不僅在文化界有，在其他方面也有，甚至有混入黨內來的，中央宣傳部就有3人，其中1人可稱核心分子，胡風的30萬言書，是6個人寫的，據說有4個是共產黨員。繼高饒問題之後，潘楊案件之後，又算找到了一個活生生的例子，說明階級鬥爭如何的尖銳化！要記著主席說的話：提高警惕，肅清一切特務分子；防止偏差，不要冤枉一個好人！兩個專案的事，都會有發展的，應隨時注意。」

7月4日：「今日本擬約劉華峰同志等彙報反胡風的工作，因他們正與各單位彙報，故未能按原定的想法去做。」註10

從許多材料看，胡風事件發生時，在權力中心幾乎沒有人同情胡風。因為當時負責胡風事件的具體部門中的領導都是胡風的對立面。中宣部的周揚、林默涵、胡繩和中國作協的領導人邵荃麟、劉白羽、何其芳等人，基本上都是早年批判過胡風文藝思想的人，而胡風早年在重慶的朋友喬冠華、陳家康、章漢夫等人，都在周恩來身邊。

中國知識份子一旦進入權力中心以後，極少有人表現出對弱者的同情，在具體工作中，寧左勿右是他們的工作方針。因為這已成為一種文化，深刻地沉澱在從政的知識份子心中，所以他們處在權力中心的時候，對別人的痛苦麻木不仁。但他們沒有想到，自己一旦被權力拋棄，面臨的是比他們當年所面對的弱者更為悲慘的結局。中宣部在文革中的遭遇，可以說明這個問題。羅瑞卿、陸定一（特別是他妻子嚴慰冰的遭遇）、周揚、喬冠華、章漢夫、邵荃麟等人都有這樣的經歷。沒有對衝突中弱者的同情，因而使所有參與衝突的人，沒有最後的勝

利者，因為他們的命運都不掌握在自己手裏。在權力中心的衝突中，知識份子並不是絕對沒有保留良知的可能，可惜中國知識份子普遍缺少這樣的勇氣。

在胡風事件中，呂熒和胡喬木的經歷比較特殊。呂熒是普通知識份子的代表，胡喬木是高層決策者的代表。

胡喬木曾說：「那時的頂點是胡風事件。胡風事件寫的人較多，書出了不少。這些事說起來比較麻煩。抓胡風，我是不贊成的。毛主席寫的那些按語，有些是不符合事實上的。胡風說，三年局面可以改變，毛主席認為是指蔣介石反攻大陸。實際上，胡風是說文藝界的局面。」[註11]胡喬木的這個說法，在陳清泉、宋廣渭的《陸定一傳》中得到了證實，他們說：

「陸定一說過，胡風案件要定『反革命』性質時，毛澤東找了他和周揚、胡喬木商談。毛澤東指出胡風是反革命，要把他抓起來。周揚和他都贊成，只有胡喬木不同意。最後還是按照毛澤東的意見辦，定了胡風為『反革命』。」[註12]

當年參與審查胡風案件的王康證實了胡喬木的說法，他還提道：「胡喬木還說，他對毛主席的決定提出不同意見後，擔心自己的政治生命可能就要完了。」[註13]

王康當時對胡風案稍有不同意見，立刻受到羅瑞卿的呵斥並說：「王康！你這個意見是個壞意見！」[註14]

胡喬木以後對胡風的態度如何，那是另外一回事，至少這次對胡風保持了同情。

不僅是在權力中心的人對胡風缺少起同情，其他知識份子對胡風

的遭遇也沒有保持同情，他們想不到胡風受難其實也就是自己受難。下面是另外兩個知識份子對胡風事件的態度。

郭小川是胡風事件發生以後，直接參與了審查胡風案件的當事人，他在1955年5月至11月，參加了揭發胡風反革命集團的第二、第三批材料的整理工作。在胡風事件中，他寫了大批的文章和詩，如〈某機關有這樣一個青年〉、〈從胡風反革命事件中吸取階級鬥爭的教訓〉、〈縱火、殺人與「從理論上作『挖心戰』」〉、〈論朋友〉、〈這不是一句空洞的口號〉、〈某作家的一段真實經歷〉等，積極地參加了反胡風反革命集團的鬥爭。他在日記和後來的交待材料中，保留了一些當時的材料：

1955年8月15日：「上午參加公安部的會議」。十六日「上午去公安部辦公。」

1955年9月1日郭小川參加公安部審查胡風的工作。本月郭小川日記中常有這樣的記載：

1日：「上午到公安部，與水拍談起昨天丁玲的發言，心中甚為激憤，執筆寫了一個發言草稿。」

2日：「上午很晚才到公安部，談了不少的話，做了很少的事。……給周揚同志寫了一封信，提出關於工作的意見。」

3日：「九時，去公安部，正下著雨。工作到十時許，與張光年談起《文藝報》事，頭痛，不支也。下午仍去公安部。完成梅簡史。」

5日：「上午，與默涵一起到公安部，做了一些事情。下午又去辦公，考證了孫xx的材料。」

7日：「三時去公安部，談了一下總的材料的寫法。」

8日：「早起，到公安部辦公。談胡風分子的界限問題。」

9日：「上午到公安部，查對了一些材料。下午剛到公安部，即接默涵電話，說周揚同志找我談話，言已決定調我到作家協會工作。」

10日：「早晨先到中南海，與林默涵一起去公安部。劉白羽來。」

12日：「早上從沙灘直接來公安部，把材料大體弄完。後，一起商量擬定了胡風分子的界線。」

15日：「下午睡到三時才去公安部。兩天共成約四千字，估計二十五日完成不了。……校關於胡風的小冊子。」

16日：「天雨。早到公安部，繼續寫胡風的材料。中午，許立群他們不滿『暴風雨』。下午繼續到公安部辦公，五時半就回來了。」

17日：「下午，去公安部，默涵對我們整理的材料很滿意。」

19日：「下午三時始到，司機誤事也。默涵看完了胡風材料，即可交付印刷。」

26日：「下午到公安部，整理一下蘆甸的材料。」

10月10日：「中午，被電話驚醒，王康同我一起坐車到公安部。水拍、光年均來，談了很多的話。」

17日：「上下午均去公安部校對胡風材料。共八萬字。」

24日：「上午，接默涵電話要給蘇聯專家報告胡風問題。」

28日：「上午八時許，去公安部前碰到白羽和章競，他們擬先到中宣部，然後去找我。我到公安部，先擬定了十一、十二月份工作的安排和對於工作委員會的制度的意見。然後草草地校閱了一下胡風的材料。」

11月郭小川日記中多次提到「關於胡風問題給專家的報告，10000字左右。」

8日：「睡到二時許，起來寫關於胡風問題的報告。至五時許，成約三千字。」

9日：「天冷，上午在家寫關於胡風的報告。中午剛睡著，蕙君回來。下午繼續寫，到五時前即寫成，送給默涵，又談了一會，在中南海吃飯。」

12日：「把胡風報告稿交辦公室轉專家管理局。」註15

從郭小川的日記中可以觀察許多捲入其中的知識份子的態度，他們對於胡風的遭遇基本是麻木的。

宋雲彬（1957年成為左派）對胡風事件的態度：

「今日在車中看《人民日報》〈關於胡風反黨集團第二批材料〉，令人憤懣。」

「下午二時赴浙江日報社，參加文聯召開之擴大會議，揭露並聲討胡風，余發言主張將胡風反黨集團之骨幹分子方然、冀汸從省文聯清洗出去。今日之會由文聯副主席陳學昭主持」

「晚，寫短文一篇，題為〈從揭露胡風想起的一椿事情〉。」

「上下午均出席省政協召開之座談會，地點在人民大會堂二樓，談如何揭露胡風反革命集團罪行並徹底肅清暗藏的反革命分子。余於上午作半小時之發言。」

1955年7月2日：「馮賓符為余言，聶紺弩已被宣佈為胡風分子。聶在桂林時十分欽佩胡風，余常與之『抬槓』，然自1945年以後，聶似已與胡風鬧翻，曾為余言胡風作風如何惡劣。今年五月間聶來

杭州，作反胡風集團之報告，余曾笑語聶：『君過去不亦十分欽佩胡風乎？』彼答謂『過去思想落後……』並連説『落後落後』，相與一笑而罷，初不料聶果為胡風分子也。語云『人固不易知，知人亦非易』，信然信然！」[註16]

較早對胡風事件提出質疑的可能還是一些民間知識份子，主要在1957年。當時林希翎就提出過許多不同看法，要求為胡風評反。當時四川大學生物系四年級女學生馮元春也提出了自己的懷疑。她認為，毛主席提出逮捕胡風的根據是：1、反黨。2、上書二十萬言。3、組織反革命集團。馮元春説：「毛主席經常説：『言者無罪，聞者足戒』。為什麼胡風上書二十萬言就成了罪人了。」[註17]

1957年6月，成都鐵路管理局職員李昌明以「民主先生」和「自由女士」發表了「為胡風鳴不平」的長篇演講。[註18]李昌明從五個方面為胡風辯護。

第一，他舉出了大量的事實，説明胡風沒有反革命身份。

第二，説胡風參加過「反共政治工作」，理由不能成立。如果成立，郭沫若三七年作國民黨中宣部三廳廳長及大部分起義人員將同罹此罪。

第三，與陳焯之關係僅為一般社會關係。不是反革命組織及工作關係。李昌明説：「眾所周知，周總理與蔣介石集團中多人往還，宋氏三齡見解各殊，均未認作反革命關係，何獨胡風別有看待。」

第四，胡風集團只能是一些偏見的學派，五四運動前後的創造社、新月派、語絲派，互相攻擊，極盡詆毀、污罵能事，郭沫若攻擊魯迅所用辭彙其惡意不在胡風之下，魯迅與梁實秋論戰作用語詞亦尖

銳之極，可見文人相輕，歷史皆然，不能對胡風有所偏頗。

第五，從法律觀點看，胡風集團的行為並不構成對國家有形的損害。李昌明說：「我國懲治反革命條例上無一條對胡風集團適用，全世界任何一國民法、刑法（包括蘇聯在內）均未載有以文藝形式對文藝問題上的意見或攻擊足以構成的叛國罪或危害國家安全罪。美國的斯密斯法（Law of Smith）對國內進步人士與共產黨員的迫害均未在學術領域或文藝範圍內引用，也未有這種事實。」

三、解讀文件

中宣部文件的第一句話是：「關於胡風及胡風集團骨幹分子的著作和翻譯的書籍，經請示中央暫作如下處理，望即執行」。

從這句話的語氣可以推斷，他們所以要下發這個文件，是因為有人打報告請示如何處理胡風及胡風集團骨幹分子的著作。中國五十年代發生許多政治運動，其中一個重要因素是高層與下面互動的結果，下面提供的情況常常比高層還要左。因為下面有這樣的要求，所以中宣部才請示中央作出這樣一個決定。其實下面根本就沒有必要對胡風特別是胡集團的其他成員的著作和譯作產生懷疑，從列出的查封名單可以看出，這些作品絕大多數是歌頌新中國和抗美援朝的，譯作也都是馬列著作和革命文學，還有梅志的兒童文學。這些作品對於一個負責文藝的官員來說，不難判斷它們的價值。

現在看來，中央發出的這個通知主要目的是為了下面批判胡風的需要，它規定：一、胡風和胡風集團骨幹分子的著作和翻譯的書籍，一律停止出售和再版；其中翻譯部分的書籍如需出版，必須另行組織

重譯。二、公共圖書館，機關、團體和學校的圖書館及文化館站中所存胡風及胡風集團骨幹分子的書籍，一律不得公開借閱，但可列入參考書目，具體辦法由文化部另行擬定。三、由高等教育部及教育部負責清查在教科書及教學參考書中所採用過的胡風及胡風集團骨幹分子著作的情況，並根據上述原則迅速提出處理辦法。

根據當時的情況分析，較早向中央提出如何處理胡風及胡風集團骨幹分子的著作和翻譯書籍的，可能是上海市委宣傳部。因為當時胡風和他的朋友們主要集中在上海。黎之在他的回憶錄中曾說過，當時上海作協分會主席團專門成立了批判胡風的核心領導小組，巴金、夏衍、羅蓀、吳強、葉以群、王若望、靳以等都報了專題批判計畫，這些批判計畫後來都發表在1955年6月號的《文藝月報》上。

黃源回憶說：「在上海最初反胡風時，胡風的三十萬言還未出來。胡風提出三十萬言後，上海的胡風派就躍躍欲動。上海市的胡風派是以新文藝出版社為中心陣地，社長是劉雪葦，王元化是新文藝出版社的。上海文藝方面的出版社公私合營後，集中起來成立了新文藝出版社，歸市委宣傳部主管。當時，夏衍也看到這個動態。他為了對付胡風派的活動，把我推出去。我也覺得他們的思想不對頭。後來，周揚發表了一個談話，還有文件，這樣就把當時上海的胡風派壓下去了。其中有個觀點是說胡風在文藝方面是搞虛無主義，反對戲曲改革的。後來全國各地對胡風進行思想批判，浙江也開展了批判。《人民日報》還發表了三批材料。中央當時有個小組，周揚是小組成員之一。中央打電話給省委，省委不知道『胡風分子』是怎麼回事，公安局參加了搜查，但也不知道『胡風分子』是怎麼回去事。後來公安廳

來處理這件事情時，王芳指定了一個副廳長負責。處理這件事比較慎重，當時中央給胡風派扣了反革命帽子，而當時我們並未真正當反革命來搞。」註19

　　1955年6月號出版的上海《文藝月報》基本是一期批判胡風及胡風分子的專號。這期雜誌是1955年6月15日出版的，而本期的雜誌上已轉載了6月10《人民日報》社論〈必須從胡風事件吸取教訓〉，從正常的出版時間來說，這是不可能的。所以《文藝月報》的編者說：「當我們全部稿件即將付印時，收到了十日的《人民日報》公佈胡風反革命集團的第三批材料。為了補上幾篇和臨時抽去了幾篇，因此與預告的目錄略有出入。」註20也就是說，上海文藝界對胡風及胡風集團的批判，是非常主動和積極的。這期《文藝月報》同時也發了一篇自己的社論〈提高警惕，撲滅胡風反革命集團〉，這篇社論從文風上看，出自於當時上海宣傳部文藝處負責人吳強之手，因為社論中有一個比喻性的說法：「我們同老虎在一起睡覺竟然有二十多年之久，我們竟然長時期地把反革命分子當作好人！」註21

　　同期吳強的個人署名文章〈是敵人，就必須清除出去〉中有這樣的話：「我們和老虎在一起睡覺，朝夕相處了二十多年！老虎把我們咬得遍體傷痕，我們竟然認虎為羊，我們竟然認敵為友以至認敵為我！」註22如果說胡風的對手主要在北京，而胡風骨幹分子卻是在上海受到了最沉重的打擊。據當時一篇文章〈上海文藝界討論和批判胡風資產階級唯心主義文藝思想的情況〉中說：

　　「上海文藝界從三月份開始，開始討論和批判胡風資產階級唯心主義文藝思想。經過一個多月的討論，文藝界人士大都對胡風的基本

錯誤，已有了一些初步認識。隨著這一思想鬥爭的展開，也暴露出許多混亂思想。這些思想問題表現以下幾個方面：

一、上海胡風派小集團內的分子，除了個別的態度有所轉變外，大部分對這一思想鬥爭仍抱著對抗情緒。如新文藝出版社的耿庸、張中曉、羅洛等都在背後表示不願意看報刊上所發表的批判胡風的文章。張中曉並惡意地說，我們對胡風的『敵性』比胡適的『敵性』還要大。耿庸曾糾集一些胡風派分子在家裏開會，討論如何蒙混過關。羅洛表面表示對黨忠實，說胡風的思想是反黨反人民的，但背地裏卻又向人說，胡風只是策略上的錯誤，並希望這個思想鬥爭快些過去。

二、在一般的文藝工作者中，還有少數人公開表示胡風的文藝思想是對的，或者說對胡風的鬥爭太過分了。中國作家協會上海分會會員孔另境在討論會上說：「現在發表的批判文章千篇一律，沒有超過林默涵、何其芳的論點。」同時他又說：「林默涵、何其芳的文章早就被胡風駁倒了。」中國福利會兒童時代社田地說：「我過去對胡風派的詩很感興趣，現在也還看不出什麼問題來，如有人能寫出文章批倒用胡風文藝理論創作出來的詩那我就服了。」

三、有些大學教授口頭上說胡風思想不值得批判，實際上有對立情緒。如復旦大學有些教授、講師說：「這樣一來反而接線員高了胡風。」「我們有資產階級思想，可是沒有資產階級學術思想。」該校外國語文系教授全增瑕說：「胡風思想很混亂，沒有什麼道理，不值得批判。」外國語文系林同濟教授說：「胡風思

想只能影響那些文化程度低的人，我們從封建社會來的有『抗毒素』」。[註23]

這個材料是當時一個名為何國芳的人，從上海市委文藝工作委員會辦公室彙編資料而成的，從時間上說，上海文藝界對胡風及胡風集團骨幹分子的集中批判，比北京還要早。當時在北京中國作協的會議主要還是對胡風個人的批判。

中宣部列出的查封名單是：胡風、劉雪葦、阿壟、綠原、魯藜、蘆甸、路翎、冀汸、梅志、羅洛、方典、張禹、耿庸、牛漢、化鐵、賈植芳、滿濤、呂熒、徐放。主要是胡風在上海的朋友，這個名單及後面所附出的著作及出版單位，也以新文藝出版社最有代表性，這個名單開列的非常專業，所以不會出自一般的文藝工作幹部，從每本著作都詳列出版單位推斷，極有可能是這些書籍都在手邊。

一個值得注意的現象是，這個名單中沒有列入舒蕪的作品，如果以當時的政治邏輯和書的內容論，最應查禁的是舒蕪的作品，他是胡風早年朋友當中，少數幾個引起中共不滿的作家（周揚〈我們必須戰鬥〉一文中最先批判的就是舒蕪，其次是阿壟和路翎）但他的作品恰恰不在被禁之列（也許當時舒蕪還沒有著作），所以這個名單完全是因人而列的。列這個名單的人，其實並不瞭解那些作品寫了些什麼。

名單中沒有列入彭柏山、何滿子、聶紺弩和曾卓等人的作品，因為檔是1955年7月30日下發的，這些人在同年的5月中旬都受到了公安局的搜查（聶紺弩稍晚，但也在7月初）。所以說這個查禁名單，並不一定是經過認真研究後做出的，有可能是認同了下面提供的名單。

四、文件文本

〈中央宣傳部關於胡風及胡風集團骨幹分子的著作和翻譯書籍的處理辦法的通知〉

上海局；各省（市）委，內蒙古、新疆自治區委、西藏工委宣傳部；文化部、高等教育部、教育部各黨組：

關於胡風及胡風集團骨幹分子的著作和翻譯的書籍，經請示中央暫作如下處理，望即執行：

(一) 胡風和胡風集團骨幹分子的著作和翻譯的書籍，一律停止出售和再版；其中翻譯部分的書籍如需出版，必須另行組織重譯。

(二) 公共圖書館，機關、團體和學校的圖書館及文化館站中所存胡風及胡風集團骨幹分子的書籍，一律不得公開借閱，但可列入參考書目，具體辦法由文化部另行擬定。

(三) 由高等教育部及教育部負責清查在教科書及教學參考書中所採用過的胡風及胡風集團骨幹分子著作的情況，並根據上述原則迅速提出處理辦法。

附來應停售和停版的胡風及胡風集團骨幹分子的書籍目錄。這個目錄是不完全的，在執行中由文化部加以補充。

中央宣傳部

一九五五年七月二十八日

附件：應停售和停版的胡風及胡風集團骨幹分子的書籍目錄

胡風：

《論民族形式問題》、《密雲期風習小記》、《光榮讚》（以上是海燕書店出版）、《歡樂頌》（海燕書店、天下圖書公司出版）、《為了朝鮮，為了人類》（人民文學出版社、天下圖書公司出版）、《人環二記》、《劍、文藝、人民》、《論現實主義的路》《棉花》（須井一郎著）、《文藝筆談》、《人與文學》（高爾基著）（以上是泥土社出版）、《安魂曲》（天下圖書公司出版）、《從源頭到洪流》、《和新人物在一起》（以上是新文藝出版社出版）、《山靈》（張赫宙等著）（文化生活出版社出版）、《在混亂裏面》、《為了明天》（以上是作家書屋出版）、《逆流的日子》（希望社出版）《美國鬼子在蘇聯》（吉姆・朵爾著，泥土社出版）。

劉雪葦：

《論文一集》（另名《過去集》）、《兩間集》、《論文二集》（以上是新文藝出版社出版）、《魯迅散論》（華東人民出版社、新文藝出版社出版）、《論文學的工農兵方向》（新文藝出版社、海燕書店出版）。

阿壟（亦門）：

《作家的性格和人物創造》、《詩是什麼》（以上是新文藝出版社出版）、《詩與現實》（五十年代出版社出版）、《中朝友誼海樣深》（浙江人民出版社出版）。

綠原：

《集合》、《大虎和二虎》（以上是泥土社出版）、《又是一個起點》（海燕書店出版）、《從一九四九年算起》（新文藝出版社出版）、《黎明》（梵爾哈倫著、新文藝出版社、海燕書店出版）、《文學與人民》（喬瑞里等著，武漢通俗圖書出版社出版）、《蘇聯作家談創作》（薇拉・潘諾娃等著，中南人民文學藝術出版社出版）。

魯藜：

《李村溝的故事》、《時間的歌》、《星的歌》、《槍》（以上是新文藝出版社出版）、《鍛煉》（海燕書店出版）、《紅旗手》（作家出版社出版）、《未來的勇士》（通俗讀物出版社出版）。

蘆甸：

《我們是幸福的》（文化工作社出版）、《浪濤中的人們》（作家出版社出版）、《第二個春天》（新文藝出版社出版）。

路翎：

《朱桂花的故事》（作家出版社、知識書店出版）、《英雄母親》、《祖國在前進》（以上是泥土出版社出版）、《在鍛煉中》、《求愛》（以上是海燕書店出版）、《板門店前線散記》（人民文學出版出版）、《平原》（作家書屋出版）、《迎著明天》、（天下出版社出版）、《財主的兒女們》（希望社出版）。

冀汸：

《橋和牆》、《喜日》、《這裏沒有冬天》（以上是新文藝出版社出版）、《有翅膀的》（泥土社出版）。

梅志：

《小紅帽脫險記》、《小面人求仙記》（以上是新文藝出版社出版）、《小青蛙苦鬥記》（天下出版社出版）、《小紅帽》（梅志原著，劉思平改編，文化供應出版社出版）。

羅洛：

《春天來了》、《技巧和詩的構思》（那蔡倫柯著）（以上是新文藝出版社出版）、《人與生活》（泥土社出版）。

方典：

　　《向著真實》（新文藝出版社出版）。

張禹：

　　《我們的臺灣》（新知識出版出版）、《文學的任務及其它》（泥土社出版）。

耿庸：

　　《從糖業看臺灣》、《論戰爭販子》、《〈阿Q正傳〉研究》（以上是泥土社出版）、
　　《他就是你的仇人》（文化工作社出版）

牛漢：

　　《祖國》（五十年代出版社出版）、《彩色的生活》（泥土社出版）、《在祖國的
　　面前》（天下出版社出版）、《愛與歌》（作家出版社出版）。

化鐵：

　　《暴風雨岸然轟轟而至》（泥土社出版）。

賈植芳：

　　《住宅問題》（恩格斯著）、《論報告文學》（基希著）、《俄國文學研究》（謝爾
　　賓娜等著）（以上是泥土社出版）、《契訶夫戲劇藝術》（巴魯哈蒂著）、《契
　　訶夫手記》（契訶夫著）（以上是文化工作社出版）、《近代中國經濟社會》（棠
　　棣出版社出版）。

滿濤：

　　《櫻桃園》（契訶夫著）、《狄康卡近鄉夜話》（果戈里著）（以上是人民文學
　　出版社出版）、《契訶夫與藝術劇院》（史坦尼斯拉夫斯基著）、《別林斯基選

集》（第一卷、第二卷）（以上是時代出版社出版）、《別林斯基美學中的典型問題》（安德莫夫著）、《文學的戰鬥傳統》（果戈里著）（以上是新文藝出版社出版）

呂熒：

《葉甫蓋尼·奧涅金》（普希金著，人民文學出版社出版）、《仲夏夜之夢》（莎士比亞著，作家出版社出版）、《列寧論作家》、《關於工人文藝》（以上是新文藝出版社出版）。

徐放：

《趕路集》（作家出版社出版）、《野狼灣》（五十年代出版出版）

【注釋】

註1：《建國以來重要文獻選編》，中央文獻出版社，1993年，北京

註2：《重要講話集》（三）頁9，此為文革中廣泛流傳的印刷品，主要是毛澤東的講話。現在文革史研究專家公認本書雖然在記錄的文字上有些錯訛處，但內容是真實的。對比後來出版的《毛澤東選集》第五卷和《建國以來毛澤東文稿》等文獻，可以肯定這些印刷品作為研究材料的真實性。

註3：關於這幾類知識份子的詳細分析，參閱〈一二・九知識份子的歷史命運〉一文，見謝泳《沒有安排好的道路》，雲南人民出版社，2002年，昆明

註4：《建國以來毛澤東文稿》第5冊頁5

註5：《建國以來毛澤東文稿》第5冊頁9。

註6：黎辛〈關於「胡風反革命集團」案件〉，《新文學史料》2001年第2期頁92，人民文學出版社，北京

註7：《建國以來重要文獻選編》第6冊第頁28

註8：《楊尚昆日記》頁141、143

註9：中共中央文獻研究室編《周恩來年譜》上卷頁481、483

註10：《楊尚昆日記》頁205、208、210

註11：《胡喬木回憶毛澤東》頁13

註12：陳清泉、宋廣渭著《陸定一傳》頁399

註13：王康〈我參加審查胡風案的遭遇〉，《百年潮》1999年第12期頁44，北京

註14：王康〈我參加審查胡風案的遭遇〉，《百年潮》1999年第12期頁41，北京

註15：《郭小川全集》第8卷頁328、329－334頁，第11卷頁257，第12卷頁88，廣西師範大學出版出版，1999年，桂林

註16：宋雲彬《紅塵冷眼——一個文化名人筆下的中國三十年》頁377、379、380、384，山西人民出版社，2002年，太原

註17：〈四川大學舉行辯論會辯論馮元春的反黨提綱〉，《內部參考》1957
　　　年2223期，頁8、9、10
註18：〈「為胡風鳴不平」〉，《內部參考》1957年2251期，頁98，
註19：《黃源回憶錄》頁235，浙江人民出版社，2001年，杭州
註20：《文藝月報》1955年6月號頁33，新文藝出版社，上海
註21：《文藝月報》1955年6月號頁4
註22：《文藝月報》1955年6月號頁8
註23：《內部參考》1955年102期頁49

《朝霞》雜誌研究

一、《朝霞》雜誌研究狀況

一切發生過的歷史，無論當時或後人如何評價，這些歷史本身都具有研究價值。本文研究的是一本文革時期的文學雜誌，重新研究這本雜誌的意義在於我們可以通過對文革時期一本文學雜誌的分析和評價，深入認識中國知識份子在特定歷史時期，他們在價值和現實處境中的選擇，更為重要的是我們可以在清理這本文學雜誌的歷史時，從中發現它和中國1976年以後文學現狀的關係，特別是在1976年後成名或者長期活躍於當代文壇的主力作家中，許多人的文學生涯都開始於這本雜誌，從某種意義上可以說，中國1976年以後的文學源頭，其實是從這本文學雜誌開始的。

這本文學雜誌就是廣為人知的《朝霞》雜誌。目前關於《朝霞》的系統研究還沒有，在眾多中國當代文學史研究著作中，雖然在敘述文革時期的文學創作時，會偶然提

到《朝霞》，但基本是否定性評價。[註1]這對於全面瞭解文革時期文學和作家活動情況，顯然是不夠的。王堯認為：「我曾經在一篇文章中說到自己當年閱讀《朝霞》時的情景。我自己關於文學的許多觀念就萌芽在這種閱讀之中，雖然我此後不斷校正和拋棄『許多觀念』中的種種，但其影響揮之不去。這常常提醒我：『文革』和『文革文學』曾經是我和我們成長的思想文化資源；歷史的殘酷在於它開了個玩笑，一個曾經是『正面』的資源終於成了『負面』。」[註2]文革時期閱讀這本雜誌的人相當廣泛，朱學勤回憶說：「此時上海出版了四份雜誌：《學習與批判》、《朝霞》，《摘譯》自然科學版和社會科學版。雖然也是左，但比『兩報一刊』好看，相信同年齡的人都還記得。這四種雜誌，父親總是定期寄到我生活的地方，引起周圍同道者的羨慕。後兩種雜誌，今天我還保存得很好。」[註3]高華回憶自己的學術經歷時提到：「在70年代初中期，上海出版的幾份重要刊物，從《摘譯》，到《學習與批判》、《朝霞》，我基本都看。」[註4]

近幾年來，《朝霞》雜誌常常被人提起，主要因為余秋雨的文革經歷，在關於余秋雨文革經歷的爭論中，《朝霞》雜誌依然是以負面出現的刊物。余秋雨自己都認為「《朝霞》是上海人民出版社編的一本文藝雜誌，由寫作組的一位陳女士實際主管，傾向極左，質量不高。」[註5]

另外一些早年曾是《朝霞》作者的作家如黃蓓佳、賈平凹、錢鋼等人，也在回憶自己早年的文學經歷中提到《朝霞》雜誌，雖然不回避自己的文學經歷，但沒有正面評價這本文學雜誌。許多研究者的評價，基本也是延續政治上對《朝霞》雜誌的定性，很少從當時這本雜誌的實際情況進行分析。[註6]

本文作者認為，對存在過的歷史做完全簡單的否定性評價，對於人們瞭解真實的歷史並沒有幫助，甚至可以誤導人們對那一段歷史產生先入為主的陳見，為此我們首先需要清理《朝霞》雜誌的基本歷史。

二、《朝霞》雜誌始末

本文所指的《朝霞》雜誌，包括上海文藝叢刊、《朝霞》叢刊和《朝霞》雜誌三部分，凡參預過這三項文學工作的人（包括編輯、作者以及美術設計者如陳逸飛等），都被視為《朝霞》作者群。

「上海文藝叢刊」是上海人民出版社於1973年出版的一本叢刊。第一輯名為《朝霞》。這個名字來源於這本叢刊中史漢富一篇同名小說。

當時的體例是「叢刊名」取自叢刊中某一篇作品的篇名。從《朝霞》開始，加上隨後出版的《金鐘長鳴》、《珍泉》、《鋼鐵洪流》共四本，標明是「上海文藝叢刊」，32開本，當時印數極高。

隨後出版的另外八本叢刊，雖然延續了「叢刊名」的編輯體例，但不再標名「上海文藝叢刊」，而是標明為「《朝霞》叢刊」。也就是說，後來人們所謂的「《朝霞》叢刊」，其實包括了四本「上海文藝叢刊」。《珍泉》一書的「徵稿啟事」中說：註7

　　「本刊1973年已出《朝霞》、《金鐘長鳴》、《鋼鐵洪流》、《珍泉》四輯。1974年開始，改名為《朝霞》叢刊，仍為不定期出版，主要發表小說、（包括中、短篇小說和長篇選載）以及話劇劇本、電影文學劇本等。

　　從1974年起，還將同時出版《朝霞》月刊，每月廿日出版，是綜合性文藝刊物，內容以短篇小說為主，兼發散文、詩歌報告文學、文藝評論等。」

　　《上海文藝叢刊》和《朝霞》叢刊，前後共出版了13本，按先後順序分別是

書名	出版時間
《朝霞》	1973年5月
《金鐘長鳴》	1973年8月
《鋼鐵洪流》	1973年12月
《珍泉》	1973年12月
《青春頌》	1974年4月
《碧空萬里》	1974年10月
《戰地春秋》	1975年3月
《序曲》	1975年6月
《不滅的篝火》	1975年8月
《閃光的工號》	1975年12月

《千秋業》	1976年4月
《火，通紅的火》	1976年6月

需要說明的是，從已有的材料判斷，計畫中的《朝霞》叢刊還有另外兩本，分別是《無產者》和《鐵肩譜》，據《朝霞》雜誌1976年7月號任犢文章〈快把那爐火燒得通紅〉一文的注釋，《無產者》將於當年九月出版（此文即是《無產者》一書的序言）。而《鐵肩譜》一書，《全國總書目》中有記載，但很難見到實物。註8

《朝霞》雜誌1974年1月20日出版，16開本。它的出版情況是1974、1975年完整出版，每年12期，年終編有總目。1976年第9期出版後，因為政治發生變化，以後就不再出版，本年的第9期雜誌，可以視為停刊，所以完整的《朝霞》雜誌共有33本。《朝霞》月刊出版後，《朝霞》叢刊還在出版，其中有些主要作品雜誌和叢刊同時發表。

關於《朝霞》雜誌的創辦，本文作者認為是當時歷史條件下，由於文藝工作的需要自然延伸出的一項工作，它的編輯方針和編輯實踐完全服務和配合於當時的主流意識形態，當時全國在此前後創辦的各種文藝雜誌，編輯思想和編輯體例基本相同。

從已知的歷史檔和相關人士的回憶中，可以認為，《朝霞》的創辦與當時主流意識形態的要求有聯繫，但不能說它的出現是陰謀。從後來的歷史判斷，《朝霞》完全是以文藝形式配合和圖解當時的政治，但雜誌本身並不是陰謀集團，也不是陰謀的產物。徐景賢回憶文革經歷，涉及他幫助當時的文化部長于會泳完成的幾件事中，特別提到《朝霞》雜誌創辦的事，他說：「在出版方面，重組上海人民出版

社，出版了一批圖書。當時的上海市委寫作組主編出版了《朝霞》雜誌和《朝霞》叢書，還搞了《外國文藝摘譯》等。」[註9]

當時負責參與創辦《朝霞》的施燕平晚年回憶說：[註10]

1974年，上海市決定要出一本書，開頭不是書，開頭叫叢書，出叢書，就是專門找一些新的工、農、兵作者，反映當前的，出一本書。當時寫作組的領導，陳冀德跟蕭木開了一個座談會。這個座談會就是把作家協會還沒有完全打倒或者已經打倒了以後解放出來的，把這一批人開了個座談會，參加的人我記得有涵子、茹志娟、我，還有一個郭卓。

幾個人召齊，召齊以後，當時市委寫作組提出，徵求我們的意見，你們看現在是不是需要辦一個刊物，是不是要重新議議，大家都不寫了，是不是還應該寫東西？我們都表示，辦刊物都是很需要的，因為一個國家總要有一點刊物吧？讀者也有這個需要，但是我們這批人都不想搞了。因為『文化大革命』，大家都吃了苦頭了，都不想搞了。結果呢，這個會散了以後呢，它就決定有兩個人出來，要編書。一個是歐陽文彬，一個是我。兩個人到出版社，不是屬於出版社領導，屬於市委寫作組直接領導，就是編一本書，編一本叢刊。這個第一期的叢刊叫《朝霞》，每一期的名字不同的，總的叫《文藝叢刊》。第一期的名字叫《朝霞》，第二期換成其他一個名字了。它是這一期上哪篇文章寫得比較好的，就用這個題目作為叢刊的書名。實際上是一個刊物。

《文藝叢刊》以後出了大概靠十本，十本左右。每一期的名字不同的。那個叢刊，當時只有兩個人，就是我跟歐陽文彬兩個人。

當時市委有個寫作組，市委寫作組下面有文藝組，這個文藝組大致相當於現在市委宣傳部的文藝處，文藝組的負責人叫陳冀德。

當時我們沒有名義上說誰是主要負責，就是我和歐陽兩個人共同負責。這個實際上是一個過渡。到1975年開始正式辦月刊，因為已經有了一個基礎了。月刊叫什麼名字呢？大家想來想去，就叫《朝霞》。所以1975年開始，正式出了《朝霞》。出了《朝霞》以後，歐陽文彬跟我兩個人，她是政治上負責，我是業務上負責。當時不叫主編，是編委。這個都是當時寫作組決定的，這樣子就辦了《朝霞》了。

辦了《朝霞》以後，到了1975年的10月份，北京呢要辦《人民文學》，這就插到《人民文學》了。北京要辦《人民文學》呢，他們提出希望上海辦《朝霞》的，因為《朝霞》當時是『四人幫』下面的一個直接的刊物，全國比較有影響，在這個裏面找一個比較有經驗的人來準備這個《人民文學》復刊。」

施燕平的回憶，雖然個別時間不準確，但大體是當時的基本情況。

《朝霞》創刊時，編者在「致讀者」中說：

「隨著無產階級文化大革命的偉大勝利和批修整風運動的深入發展，上海同全國各地一樣，革命和生產都有呈現著一派欣欣向榮的景象。與此同時，在毛主席革命文藝路線的指引下，一個群眾性的革命文藝創作運動也正在蓬勃興起。為了進一步促進文藝創作的繁榮和推動創作隊伍的發展，我們決定出版不定期的《上海文藝叢刊》。

現在出版的《叢刊》第一輯，以小說為主，作品絕大多數是工農兵業餘作者寫的，其中近半數作者還是剛開始寫作的新手。是火熱的

鬥爭生活激勵他們拿起文藝武器，通過革命英雄形象的塑照，努力反映我們這個偉大時代的風貌，熱情歌頌毛主席路線的勝利。

《叢刊》將發表多種形式的文藝作品，除小說、散文、敘事詩外，還準備發表話劇、電影劇本和報告文學以及文藝評論等。以後也可能出某一種文藝形式的專輯。熱切希望得到廣大工農兵業餘作者和專業作者的支持。讓我們在黨的『九大』團結、勝利路線指引下，共同努力學習和實踐，創作出更多更好的作品來，爭取文藝革命的更大勝利！」註11

《朝霞》雜誌受控於當時的上海市委寫作組，它的工作目的是非常明確的，為當時的主流政治服務。《朝霞》創辦前後，當時上海市委寫作組還創辦了幾種雜誌，如《學習與批判》《自然辯證法》《教育實踐》《摘譯》等。註12不管出於何種目的，幾十年後再觀察，創辦這些雜誌比不創辦要有益於社會，我們可以否定雜誌的內容，但不能否定雜誌存在本身，如果完全以政治關係的轉換評價歷史，那是不客觀的。就以《朝霞》雜誌的出現來觀察，因為有了這本雜誌，文學活動提前得以恢復，雖然文學創作本身仍然受制於當時的意識形態，但作為文學活動本身，《朝霞》的創辦，使部分作家提前回到寫作中，特別是隨著大學的恢復和工農兵學員的出現，在特定的歷史條件下，文學活動和相應的學術研究工作的開展，使文學訓練和學術研究工作，得以在特殊的歷史條件下，以變態的方式展開。特別是在當時主流意識形態偏重於從工農兵和知識青年中選拔文學和學術精英，客觀上為知識精英的上升提供了條件。

三、《朝霞》雜誌作者群

　　《朝霞》雜誌的風格，大體上延續了文革前十七年中國文學雜誌的基本模式，只不過在貼近現實政治方面更為極端。如果從文學史的角度評價，這本雜誌在文學本體方面提供的意義實在有限，特別是在各種藝術形式的探索以及文學語言的運用上，《朝霞》及其作品基本沒有提供什麼有創造意義的東西。但在培養文學青年和使文革前就開始寫作的作家和學者恢復文字工作上，《朝霞》無疑還有它的作用，也就是説，因為雜誌的創辦，使新老作家開始恢復寫作生活，在當時的歷史條件下，寫什麼並不重要，重要的是老作家能不能重操舊業和新作家能不能實現寫作的理想。

　　在《朝霞》雜誌上活躍的主要是文革前成名的工農兵作家，如胡萬春、段荃法、張有德、李學鰲、仇學寶等，還有一部分在文革前就比較活躍的作家如李瑛、菡子、任大霖、孫友田等；學者方面主要有劉大杰、郭紹虞、林放、陳旭麓以及更年輕的一些作者如高義龍、陳思和、杜恂誠等。

　　一個值得注意的現象是在《朝霞》雜誌上，江青、張春橋、姚文元、王洪文都沒有發表過署名文章，文革中最有影響的小説家浩然也沒有作品在《朝霞》上發表。從這一點判斷，本文作者更傾向於認為，《朝霞》雜誌出現在文革後期（特別是林彪事件後），主要原因是相對文革前期，整個社會生活有趨於恢復正常秩序的要求，在正常社會生活中，文學藝術自然會成為人們的追求。

1974年、1975年，當時政治的主導傾向是「以安定團結為好」。[註13]在這個傾向下，1975年7月前後，毛澤東和鄧小平談話時曾提到：「樣板戲太少，……怕寫文章，怕寫戲。沒有小說，沒有詩歌。」[註14]幾乎同時，和江青談話時也說：「黨的文藝政策應該調整一下，一年、兩年、三年，逐步逐步擴大文藝節目。缺少詩歌、缺少小說、缺少散文，缺少文藝評論。」[註15]毛澤東在這一時期，對電影《創業》、《海霞》的批示，支持姚雪垠完成長篇小說《李自成》以及對《魯迅全集》的出版、《詩刊》復刊等許多批示，都比較有利於恢復文革前中國文學的格局。《朝霞》雖然創刊稍早，但大體上順應了主流的政治要求，它後來的穩定出版也與當時的形勢相關。[註16]

在《朝霞》創刊前後，全國各地都有類似的文學期刊在恢復，如湖南的《湘江文藝》、山西的《汾水》等。[註17]在這個意義，把《朝霞》及文革後期恢復和創辦的各種刊物，放在常態的行政權力運作中來理解，比較符合實際。至於雜誌的內容和風格，不要說文革時期，

就是文革前十七年的各種刊物，大體也是同一個模式。[註18]《朝霞》出現後，作為文學活動，它吸引了相當多有志於文學寫作的青年，從下面的統計中可以看得非常明顯：

1976年後成名的部分中國作家在《朝霞》雜誌發表作品情況（只統計真實姓名，筆名不算在內，如余秋雨用筆名發表的文章不做統計）：

作家姓名	篇名及體裁	發表處及時間
黃蓓佳	補考（小說）	《朝霞》，1973年
陸天明	揚帆萬里（三幕話劇） 樟樹泉（四幕話劇） 火，通紅的火（四幕話劇）	《珍泉》，1973年 《青春頌》，1974年 《序曲》，1975年
古華	仰天湖傳奇（小說）	《碧空萬里》，1974年
葉蔚林	大草塘（小說）	《朝霞》月刊1975年8期
焦祖堯	礦山的春天（電影文學劇本）	《千秋業》，1976年
錢鋼	鋼澆鐵鑄（小說） 老首長的戰友（詩） 戰士之歌（詩，與楊曉馴合作） 掃帚苗（詩） 金環島暢懷（詩，與趙宏元合作） 獻給十年的詩篇（詩） 指路的明燈　繼續革命的動力	《序曲》，1975年 《朝霞》月刊1974年2期 《朝霞》月刊1975年6期 《朝霞》月刊1975年11期 《朝霞》月刊1975年12期 《朝霞》月刊1976年6期 《朝霞》月刊1976年1期
孫紹振 劉登翰	狂飆頌歌（詩）第一線上（詩）	《朝霞》月刊1975年1期 《朝霞》月刊1975年11期
袁和平	馬背上的教師（劇本） 塞新曲（散文）	《不滅的篝火》，1975年 《朝霞》月刊1976年2期
李小雨	長征新曲（詩）	《朝霞》月刊1975年11期
路遙	江南春夜（散文）	《朝霞》月刊1974年5期
孫顒	長江後浪推前浪（小說） 老實人的故事（小說） 窗口（報告文學）	《朝霞》月刊1974年6期 《朝霞》月刊1975年5期 《朝霞》月刊1975年12期

賀國甫 黃榮彬	工廠的主人（劇本）	《朝霞》月刊1974年7期
王小鷹	花開燦爛（散文）	《朝霞》月刊1974年10期
徐剛	濤聲（詩） 縣委會上（詩） 上海啊，你的未來——理想頌 光明頌（散文） 追鄉音（詩） 革命搖籃頌（散文） 在歷史的火車頭上（散文） ——獻給我們偉大的黨	《朝霞》月刊1974年5期 《朝霞》月刊1974年7期 《朝霞》月刊1974年11期 《朝霞》月刊1975年2期 《朝霞》月刊1975年11期 《朝霞》月刊1976年5期 《朝霞》月刊1976年7期
俞天白	高空的閃光（散文） 爆竹聲聲（散文，與王錦園合作） 第一號檔（小說，與王錦園合作）	《朝霞》月刊1975年2期 《朝霞》月刊1975年7期 《朝霞》月刊1976年5期
賈平凹	彈弓和南瓜的故事（兒童文學） 隊委員（小說）	《朝霞》月刊1975年6期 《朝霞》月刊1975年12期
余秋雨	記一位縣委書記（散文）	《朝霞》月刊1975年7期
羅達成	興業路抒懷（散文） 炮火篇（散文） 古炮的壯歌（報告文學，吳振標合作）	《朝霞》月刊1975年7期 《朝霞》月刊1976年5期 《朝霞》月刊1975年12期
趙麗宏	勝利的渡口（散文） 笛音繚繞（散文）	《朝霞》月刊1975年7期 《朝霞》月刊1975年10期
李瑛	鑽石及其它（詩） 向二000進軍（詩）	《朝霞》月刊1975年4期 《朝霞》月刊1975年11期
劉緒源	女採購員（小說） 光明磊落（與蔣明德合作） 凌雲篇（小說） 新生事物與限制資產階級法權	《朝霞》月刊1975年8期 《朝霞》月刊1976年2期 《朝霞》月刊1976年2期 《朝霞》月刊1976年6期
夏堅勇	掌印（小說）	《朝霞》月刊1976年2期
王周生	晨光從這裏升起（散文）	《朝霞》月刊1976年3期
杜恂誠	工業題材長篇小說漫談（評論）	《朝霞》月刊1976年4期

陳思和	且談「黃絹之術」（評論）	《朝霞》月刊1976年6期
周濤	送報的姑娘周濤	《朝霞》月刊1976年8期
陸建華	錄時代風雲塑一代新人（評論）	《朝霞》月刊1976年8期

四、簡短結論

　　以《朝霞》雜誌作者群為基本觀察角度，我們可以發現，1976年以後，隨著中國政治關係的轉變，《朝霞》作者群的寫作方向並沒有經過艱難的選擇而是自然地轉向了適應新的政治要求，儘管此次適應的新政治關係與原來有極大的差異。這個現象説明當時中國知識份子的知識系統和價值取向是以現實利害為唯一選擇的，1949年以後形成的知識體系和價值取向，基本沒有培養起具有獨立人格和超越功利目標的知識份子，這個特點決定了1976年以後中國文學的品質和深度。

　　1976年以後的中國文學（特別是1989年以前），從表面形態上觀察與此前的文學發生了很大的差異，但我們仔細分析會發現，這個時期活躍的作家其實都與文革寫作有密切關係，當時的作品在表現形式和語言方面只是以往寫作的自然延續，發生變化的是當時的政治關係，而不是寫作形態。[註19]也就是説，在當時的許多文學作品中，主要發生變化的是作品中的人物關係和作家的評價立場，在文革寫作中被否定的人物形象和事件，在1976年以後的寫作中由負面簡單轉向了正面，作家的立場隨著政治關係的現實利害選擇自然倒向了和現實利害平衡的一面，這就是中國當代作家和當代作品何以不能令人尊敬的根本原因。因為1976年以後發生變化的只是表面的政治關係，直到今天，

1949年以後形成的政治傳統並沒有發生根本的變化，也就是説基本的道統沒有改變，所以活躍在這個道統之下的中國知識份子，通常以適應現實利益為自己的最高選擇，極少有作家能從內心產生深刻的痛苦和絕望的情緒。

我們可以從余秋雨的經歷做一個簡單分析。

余秋雨1946年出生，這個年齡決定了他的學校教育是在1970年前完成的。在特殊的年代裏，他能在非正常的精英流動中被選拔出來，一則説明他有寫作和學術才能，二則證明他是這個教育背景下成長起來的好學生。因為這個教育背景是有問題的，而最能和這個教育背景相合的學生，也就是這種教育制度最理想的學生。

余秋雨是一個有寫作才華的青年，這樣的青年在任何時候都有對學術的渴望，如果生活在一個正常的時代，他們可以順利走上學術道路。然而在余秋雨開始對學術生活具有強烈願望的時候，他所生活的時代已經沒有正常的學術了。對那些早已成名的學者來説，他們的痛苦是以後不能再從事學術工作，而對余秋雨這樣的青年學術才俊來説，卻是他們已沒有可能再過真正的學者生活，和老一代學者比較起來，更痛苦的是余秋雨這一代人。他們的文革經歷和他的學術經歷是重疊的，在那樣的時代，對一個想從事寫作或者學術研究的人來説，余秋雨後來的道路是最正常的，也是那一個時代裏還對學術存有願望的人的唯一選擇。

余秋雨的青年時代，對他的寫作才能只有一種畸形的要求，除非一個人對寫作喪失了最後一點願望，否則他們就很難擺脱那個時代對他們的所有制約，余秋雨就是在這樣的時代裏保留了他的寫作才能。

在他同時代許多知識份子都在從事體力勞動的時候，他總是在進行文字工作，從寫作訓練的角度說，余秋雨比他的同時代人還是先行一步，這也就是為什麼早年寫作組成員，後來多數能在文學或者學術上有所成就的原因。1976年以後，在上海新聞和出版界活躍的許多主要力量（特別是青年一代），基本是早年《朝霞》的作者如江曾培、林偉平、劉緒源、朱金晨、徐開壘、趙蘭英等。

在《朝霞》時期，徐剛和錢鋼是發表作品最多的兩位作者，其中一個主要原因是他們兩位當時在《朝霞》雜誌社參預了編輯工作，但因為文革的原因，一般不願意詳細提起這一段經歷。但這兩位作家在1976年以後的中國文學活動中，同樣是非常引人注目的，直到今天也如此。

比起《學習與批判》來[註20]，《朝霞》作者群在1976年以後的中國文學寫作中更具有知名度，《學習與批判》作者群中（特別是青年一代作者）1976年後成為中國學術界知名學者的極少，這個事實說明文學寫作相對學術研究而言，更容易發生價值和立場的簡單轉換，很多時候這個轉換並不需要思考，觀念轉換比技術容易，立場轉換比價值認同簡單。或者說1976年以後的作家更多來自於《朝霞》作者，而學者卻較少來自於《學習與批判》，比起《朝霞》雜誌注重培養工農兵和知識青年作者來說，《學習與批判》更依賴於當時的寫作組成員。

對《朝霞》雜誌的研究，可以成為人們理解文革時中國知識份子生存方式的一個角度，不僅是文學，就是其他各類藝術如美術、音樂、電影甚至學術，參與其事的中國知識份子並不在少數，因為知識精英的總量在一定的時期是穩定的，任何政治集團都可能為自己的政

治需求從這部分知識精英中選擇自己需要的人。對中國知識份子來說，因為現實政治的壓力過大，嚴酷的戶籍制度和嚴密的單位制度導致個人在社會中沒有任何退路，所以生存始終是第一位的因素。也就是說，對中國知識份子來說，人生價值以及更為更遠的理想極難成為他們人生的堅定目標，在現實利益中飄移，是他們的基本生存形態，所以用「激進「或者「保守「等西方概念來評價中國知識份子，總是稍嫌簡單。

2006年3月21日完稿於太原

【注釋】

註1：參見洪子誠《中國當代文學史》，北京大學出版，1999年，北京。楊健《中國知青文學史》，中國工人出版社，2002年，北京。陳思和主編《中國當代文學史》，復旦大學出版社，1999年，上海。洪子誠《問題與方法──中國當代文學史研究講稿》，三聯書店，北京。董健、丁帆、王彬彬主編《中國當代文學史新稿》，人民文學出版，2005年。

註2：王堯《遲到的批判》第2頁，大象出版社，2000年，鄭州。

註3：《書齋裏的革命》第58頁，長春出版社，1999年，長春。

註4：高華《在歷史的風陵渡口》第7頁，時代國際出版有限公司，2005年，香港。

註5：余秋雨《借我一生》第253頁，作家出版社，2004年，北京。

註6：柏定國《中國當代文藝思想史論──1956－1976》第438頁，中國社會科學出版，2006年，北京。該書認為：「除《學習與批判》外，這個寫作組直接控制的刊物還有《朝霞》朝霞文藝叢刊《教育實踐》《自然辨證法雜誌》等共八個刊物，這些刊物的編輯、審稿全由寫作組一手包攬。它和『兩校大批判組』南北呼應，幾年裏在它直接控制下發表的文章有1000多篇，出版書籍幾十種」。王家平《文化大革命時期詩歌研究》第178頁，河南大學出版社，2004年，鄭州。該書認為：「文革後期《朝霞》叢刊的創辦，是權力集團借助文藝形式灌輸自己的政治理念的主要嘗試。」

註7：《珍泉》第396頁，上海人民出版社，1973年，上海。

註8：董國和〈「文革」期間出版的《朝霞》雙刊〉，《舊書信息報》第8期第7版，2005年，石家莊。

註9：徐景賢《十年一夢》第343頁，時代國際出版有限公司，2005年，香港。

註10：施燕平口述〈我的工作簡歷〉，吳俊等整理，《當代作家評論》第3期第150－151頁，2004年，瀋陽。

註11：《朝霞》第319頁，上海人民出版社，1973年，上海。

註12：魏承思《中國知識份子的沉浮》第200頁，牛津大學出版社，2004年，香港。

註13：毛澤東當時有兩個批示：「無產階級文化大革命，已經八年。現在，以安定為好。全黨全軍要團結。」「還是安定團結為好。」見《建國以來毛澤東文稿》第13冊第402頁，中央文獻出版社，1998年，北京。

註14：《建國以來毛澤東文稿》第13冊第443頁。

註15：《建國以來毛澤東文稿》第13冊第446頁。

註16：參閱夏杏珍〈當代中國文藝史上特殊的一頁──1975年文藝問題述論〉，見張化、蘇采青主編《回首文革》下冊第116頁，中共黨史出版社，2000年北京。張化《鄧小平與1975年的中國》第425頁，中共黨史出版社，2004年，北京。

註17：王堯《遲到的批判》一書中提到1976年後成名的作家中，基本都是這一時期開始寫作的如韓少功、陳建功、蔣子龍、成一、張抗抗、諶容、劉亞州、馮驥才等。大象出版社，2000年，鄭州。

註18：1957年反右剛開始，當時的《詩刊》雜誌就出版了「反右派鬥爭特輯」，臧克家、袁水拍、田間、郭小川、沙鷗、鄒荻帆、徐遲等都寫了批判右派的詩歌。見《詩刊》1957年第10期，人民文學出版社，北京。《文藝報》1957年1──38期幾乎全部是反右派的文章，文藝報社，北京。

註19：參閱歷屆全國優秀作品獲獎名單中獲獎作品的題目和作者，可以說早期《朝霞》的重要作者幾乎都又出現在這個名單上，無論是小說、詩歌、報告文學還是話劇，無一例外。

註20：《學習與批判》雜誌，1973年9月創刊，1976年10月停刊，共出版38期。上海人民出版社出版。本文作者另外寫有〈《學習與批判》雜誌研究〉一文。

一、《紅樓》始末

理解一個時代知識精英的政治理想和文化品質，觀察他們的大學生活是一個較有説服力的角度。不是説大學生活完全可以決定一個人的知識和精神生活，而是從中可以看出一個時代的精神生活在多大程度上影響了知識精英的知識結構和精神品質。

本文選擇1957年北京大學一本學生雜誌作為研究物件，主要是想通過對這本雜誌作者群體的研究，從而對他們的知識結構和精神歷程作一個簡單考察。另外，《紅樓》雜誌比較詳細地刊載了當時北京大學「反右派運動」中涉及學生右派的主要資訊，特別是其中的照片、漫畫及相關會議的資訊記錄，具有較高的文獻價值，是研究中國「反右運動史」的重要史料。

關於《紅樓》雜誌的研究，目前我們能見到的主要研究成果是錢理群的〈燕園的三個學生刊物〉一文。但該文偏重於對《紅

《紅樓》雜誌研究

樓》雜誌中的作品評論，沒有涉及雜誌的完整存在情況及相關作者群體的研究。另外關於《紅樓》雜誌的存在情況，主要出現在當時參預這本雜誌活動的北大學生的一些回憶中。但這些回憶比較零散，相互之間也有許多不一致之處，而且回憶時較少參考當時的原始文獻，所以並不能給人以完整的印象。[註1]

完整的《紅樓》雜誌，現在較難見到。國家圖書館和北京大學圖書館都查不到完整的《紅樓》雜誌。我從個人收藏的角度，對《紅樓》雜誌的瞭解情況是：

這本雜誌共出版了14期（包括5期增刊），跨1957年和1958年兩個年度，其中1957年出版正刊5期，分別是創刊至第6期（5、6期）是合刊一冊。1957年在正刊《紅樓》出版以外，還出版過4期《紅樓》「反右派鬥爭特刊」，特刊單獨編號。其中特刊第4期「編者的話」中說：「『紅樓』反右派鬥爭特刊編輯到第4號為止了」。[註2]

「反右派鬥爭特刊」雖然刊頭也標明「紅樓」二字，但沒有封面設計，頁

碼也比原刊少，類似於那時常見的文件形式。「反右派鬥爭特刊」出版時，還專門附贈過一個書籤，書籤是一幅具有強烈時代感的漫畫，一個學生用筆戳著驚恐萬狀的右派分子，漫畫下面引述了高爾基的話：「敵人不投降，就消滅它！」

1958年度，《紅樓》共出版了正刊4期，特刊1期，這期特刊主題為「反對美英侵略者，支援阿拉伯人民鬥爭」，設計與1957年的特刊形式完全相同。

《紅樓》雜誌正刊按原刊編序為「總10期」，但文獻形式為9冊，其中有一期合刊。特刊5期。正刊和特刊總計文獻形式是14冊。本文研究的《紅樓》雜誌包括正刊和特刊兩種。

《紅樓》雜誌1957年1月1日創刊。馬嘶回憶說：「《紅樓》是在北京大學團委會領導下由學生自辦的一個不定期刊，大約兩個月左右出版一期，16開本，開始時頁碼也不固定，然後才慢慢固定下來。刊物由學校的印刷廠印刷……。《紅樓》雖非正式公開發行的刊物，但也可以出售，因而刊物的印數並不算少」。註3

從相關史料中，我們可以確定，《紅樓》雜誌是當時北京大學團委領導下的一本學生刊物。在《紅樓》雜誌停刊後創辦的《北大青年》，是北京大學學生會1958年11月創辦的半月刊，1960年11月終刊。它在發刊詞中提到：「《北大青年》就是根據這一客觀形勢的需要而創立的。它是黨領導下的，群眾性的，向青年進行共產主義教育的綜合性刊物。過去，我校出版過《思想戰線》和《紅樓》，也是向青年進行思想教育的刊物。在它們的工作中，都取得了一定的成績。現在，這兩個刊物決定停辦，以便集中力量把《北大青年》辦好，使

它真正能夠成為建設先進的共產主義新北大，培養共產主義新人的有力工具，成為全校青年同志的良師益友」。從中可以判斷的出《紅樓》的停刊時間。

《紅樓》雜誌沒有主編和編輯成員名單印刷在雜誌上，但根據馬嘶、謝冕、張元勳、張炯等人的回憶，結合雜誌中的相關資訊，大體可以得知下面這些人先後參預過《紅樓》雜誌的編輯工作

1957年，副主編：康式昭。編輯：謝冕、張炯、任彥芳、李世凱、張元勳、林昭、杜文堂、王克武、江楓、李任。但反右開始後，《紅樓》雜誌以編輯名義發表過一份〈給張元勳的公開信〉，署名者：王克武、王金屏、江楓、任彥芳、李世凱、劉登翰、林昭、杜文堂、張炯、馬守義、康式昭、謝冕。說明《紅樓》編輯部的人員已發生了變化。

張元勳回憶說《紅樓》雜誌主編為樂黛雲，副主編為康式昭、張鐘。不過，這個記憶顯然不準確，江楓回憶

説：「事實上，樂黛雲先生和《紅樓》毫無關係。而《紅樓》一開始時，是既沒有主編，也沒有一個『編委會』，但有一位導師，那就是中文系的系主任楊晦教授。我不知道校黨委是否曾為創辦《紅樓》作出決定，我只知道《紅樓》處於校團委宣傳部的領導之下，康式昭的直接參與就體現著這種領導，不過，他卻沒有任何正式領導頭銜。直到反右開始後的某一天為止，連康式昭也只是編輯部成員之一」。[註4]

結合相關史料判斷，江楓的回憶是可信的。「反右派鬥爭特刊」第2號發表過一則〈本刊編輯部開除張元勳李任〉，其中提到「會議由紅樓副主編康式昭同志主持」，可見當時實際負責人是康式昭。如今《紅樓》雜誌編輯大部分都健在，以後不難搞清楚。

反右運動結束後，《紅樓》雜誌改組，1957年11月出版的《紅樓》第5、6期合刊發表〈本刊編輯部整頓組織檢查工作〉，其中説：

「從反右鬥爭開始，編輯部陸續作了組織清理工作，本學期作了更大規模的組織調整，開除了全校著名的極右派分子張元勳、李任、林昭、王金屏及道德墮落分子江楓，並進行了改組，吸收了大批在反右派鬥爭中立場堅定、鬥爭積極、思想水平較高的同志參加工作。新的編輯部由康式昭、翟奎曾、趙曙光、劉登翰、王磊、彭力一、張炯、李世凱、元樹德、張士聰、顧建國組成，康式昭同志任主編，翟奎曾、趙曙光任副主編」。[註5]

1958年夏天，「紅樓社成立」，《紅樓》雜誌組成了「紅樓社」領導下的編輯委員會和創作組。由陳鍵任社長兼主編，趙曙光任副社長兼副主編。按苗為創作組組長，編委會由劉登翰、任彥芳、李世凱、陳鍵、按苗、趙曙光組成。[註6]

　　《紅樓》雜誌是一本綜合性的文藝
性雜誌，《紅樓》編輯組成員主要是由
當時北京大學中文系學生擔任，這批學
生雖然後來的命運各不相同，但其中主
要成員後來成為中國現當代文學學科建
設中的重要力量，他們早年的學術訓練
和精神品質對中國現當代文學的研究產
生過重要影響。研究中國現當代文學史
的變遷，對於這個群體的關注，有助於
深刻認識中國現當代文學研究的總體發
展水平。

二、《紅樓》作者群

　　《紅樓》雜誌的撰稿人有三部分
人組成，第一部分是當時北大黨委及
負責團委和學生工作的領導人，比如
陸平（北大黨委第一書記）、史夢蘭（北
大黨委副書記）、韓佳辰（北大黨委宣傳
部副部長）、謝道淵（北大黨委宣傳部副
部長）和宋誠（北大團委副書記）等；
第二部分是當時北大的教授如林庚、
馮至、閻簡弼、楊晦、周達甫、曹靖
華、吳組湘、王力、高名凱、馮仲芸

等，第三部分是當時北大各系（以中文系為主）的學生。第一、二部分的《紅樓》撰稿人，多是出於工作和應酬性質的文章，所以本文主要研究的對象不包括這兩部分撰稿人，也就是說，本文所謂的《紅樓》雜誌作者群是一個狹義的特定概念即當時為《紅樓》雜誌撰稿的北大學生。

　　把所有為《紅樓》雜誌撰寫過文章的作者都搞清楚，想在還做不到，但參預《紅樓》雜誌活動的一些主要人員，我們大體可以查到他們的相關情況，作為一般的研究，下面這個名單有一定的代表性，選擇這個名單的主要依據是這些作者多少年後，在文化學術界或多或少具有一定知名度，他們的創作和學術活動易於為人瞭解和判斷。

　　《紅樓》部分作者

《姓名》	專業	1957遭遇	最後職業
康式昭	中文系		文化部
謝冕	中文系		北大中文系
葉朗	哲學系		北大哲學系
張炯	中文系		中國社科院文學所
江楓	中文系	右派	中國社科院近代史所
楊書案	中文系		武漢作協
翟奎曾	中文系		內蒙文聯
蔡根林	中文系	右派	浙江師大中文系
楊匡漢	中文系		中國社科院文學所
楊匡滿	上海中學		中國作協
沈澤宜	中文系	右派	浙江湖州師院中文系
張元勳	中文系	右派	曲阜師大中文系

任彥芳	中文系		長春電影製片廠
孫紹振	中文系	右派	福建師大中文系
陸拂為	中文系		新華社
溫小鈺	中文系		浙江文藝出版社
汪浙成	中文系		浙江省作協
馬嘶	中文系		河北省文聯
孫玉石	中文系		北大中文系
劉登翰	中文系		福建社科院文學所
曾慶瑞	中文系		中國傳媒大學藝術系
沈金梅	中文系		天津作協
洪子誠	中文系		北大中文系
黃侯興	中文系		郭沫若紀念館
丁爾綱	中文系		山東社科院文學所
劉烜	中文系		北大中文系
林昭	中文系	右派	1968年4月被槍斃
陳鍵	中文系		南京市文聯
王金屏	中文系	右派	遼寧作協
孫克恒	中文系		西北師院中文系

　　《紅樓》雜誌作者群雖然前後涉及當時北大三四個年級，從1953
——1956級，但主要是以北大中文系1955級為主力，西語系和哲學系
只有王克武、杜文堂及葉朗等少數學生參加。當時楊匡滿作為上海一
個中學生在《紅樓》雜誌發表詩歌是一個特例，可能與他當時在北大
讀書的哥哥楊匡漢有關。

　　作為一本校園綜合性文藝雜誌，在北大的歷史上，《紅樓》雜誌
就藝術和學術性而言，它所提供的基本都是負面價值，除了蔡林根、

沈澤宜等少數學生的詩歌外（張元勳、沈澤宜劉奇弟等人的詩歌在《紅樓》發表是以附錄形式，主要是供批判的），這本雜誌沒有為中國的文學和學術貢獻新東西，作為當時中國最高學府文科的一本雜誌，它背離了北大的傳統，在文藝創作和學術研究的基本方向上完全走向了北大傳統的反面。但從這本雜誌作者群的整體情況觀察，人們會發現早年從《紅樓》起步的這些學生，在1976年以後中國的文學創作和學術研究中，曾起過重要作用，特別是在中國改革開放初期，這些學生承擔了重要責任。比如在對「朦朧詩」的評價中，謝冕和孫紹振的貢獻不可磨滅，是他們的努力為後來中國新詩的成長開創了生路。

　　《紅樓》雜誌創辦的時候，北大已先後經歷過思想改造運動和院系調整，特別是經歷了1954年的批判胡適運動和隨後發生的反胡風運動後，中國知識份子在心靈上已經受到極大傷害。1949年後的北大，雖然就教授群體而言還基本保留了過去的格局，但北大自由主義的核心人物如胡適、傅斯年都離開了中國大陸，到《紅樓》創辦的1957年初，可以說北大的自由主義傳統已基本中斷。

　　《紅樓》作者群是1933年前後出生的中國知識份子，1949年前他們基本是初中生，這個年齡段的中國知識份子，他們的高中教育在1949年後完成，基本是在新教育影響下成長起來的，作為學生，在當時他們有非常強烈的政治願望，其中一些學生是調幹生（指有革命經歷和部隊經歷的青年中共幹部）。《紅樓》作者群中，共產黨員和共青團員的比重很大，其中有些人有早年從事地下工作和參軍的經歷，他們的獨立思考能力已受到極大的影響。

《紅樓》雜誌就總體風格而言，和當時中國任何地方出版的綜合性文藝雜誌沒有區別，無論文藝創作思想還是學術研究風格，基本順應主流意識形態要求，只有極少數作品例外。

《紅樓》雜誌創辦的時代，北大已沒有學術自由和創作自由，在這樣歷史條件下出現的文藝雜誌和它的作者，雖然就個人才華而言可能各有不同，但就總體的創作和學術追求觀察，他們之間的差異不大。就個人的文藝創作和學術訓練評價，《紅樓》作者群是相對單一的，在所有《紅樓》雜誌刊發的作品中，基本看不到西方文學的影響，也看不到中國上世紀二三十年代文學的影響，特別是是西方的思想和理論完全與他們完全隔絕，[註7]他們對西方文化的瞭解只是十九世紀批判現實主義的一些文學作品，而對這個傳統中的人道主義精神並沒有給予更多正面的理解，《紅樓》發表的文章，絕大多數是順應當時主流意識形態要求的應時之作，這也是為什麼《紅樓》作者在1976年以後中國的文學評論和現當代文學研究機關中佔有重要地位，但他們真正的學術成就卻是上世紀九十年代以後完成的，如洪子誠的當代文學史研究、謝冕、孫玉石、劉登翰、孫紹振、楊匡漢、楊匡滿等人的學術成果，也是越往後越有價值。

這個現象說明《紅樓》時期養成的思想傾向和學術訓練，只在一般的知識學層面產生作用，他們的學術成就所達到的深度，遠不可和他的前輩相比。史學家楊天石也是1955級北大中文系學生，他認為「100年中，北大確實為國家培養了不少人才，但是，不能忘記，在某個時期，有些事，有些舉措，並無助於人才成長，起得恐怕是相反的作用。」[註8]同樣是1955級的學生，黃修己也說：「我們這一代人

學術上究竟有多少成就，學識究竟有多高……不要和我們老師的老師（如王國維、陳寅恪）來比，就是比之我們的師長，游國恩、林庚、吳組湘、王瑤一輩，還差那麼一點，大概可以這麼吧！」[註9]

一個歷史時期知識精英的總量是相對穩定的，變化的是時代和評價標準，但就知識精英的總量觀察，它的穩定性體現在幾個方面：

1、　初始教育的高起點。不論當時的北大變化到何種程度，就全中國來說，它的教學環境和基本師資還是領先的。我們從上面《紅樓》雜誌部分作者群的出路分析，可以發現他們最終回歸了專業，在大學、作家協會和相關的研究機構中工作。這個結果的直接原因是他們良好的教育背景決定的。

2、　學術研究機關的重要性。中國的學術研究機關通常也以行政級別來分類，雖然不科學，但大體可說明問題。《紅樓》作者群，凡在名校和國家學術機關供職的，學術成就通常高於在地方工作的同學，有些在《紅樓》時期才華出眾的學生，因為離開重要的學術機關，後來的成就也有限。

3、　學科造就學者的學術地位。《紅樓》作者群中，凡留校北大從事專業的學生，最後的學術地位都較高，除了個人努力外，其中學科本身的地位在很大程度上決定著學者的學術地位。

《紅樓》作者群，在北大時期起點是平等的，導致《紅樓》作者群起點發生變化的不是正常因素。在常態社會中，除非特殊情況，人的差異不會發生突變。但1949年後中國知識份子間的差異在相當程度上是因為政治原因造成的。比如《紅樓》作者群中的「右派」，1979年中國社會開始恢復常態後，基本年齡是44歲（以1935年計），經歷了

二十多年的「右派」生涯，大部分學生不可能再回到真正的學術生活中去，他們只是回到了學術職業中，相比那些一直在學術機關中的同學，學術上的差異已不可彌補，在這個意義上，對《紅樓》作者群，可以說政治決定了學術，凡始終「政治正確」者最後總是成功者。謝冕回憶說：「我響應號召違心地批判那些『右派』分子——他們是我私心傾慕的同學和朋友，為他們的才華、智慧和抗爭的勇氣；與此同時，我所批判的也正是我靈魂深處所感到接近的，我正是在這樣充滿內心苦悶和極度矛盾中，並不情願卻又不由自己地被推進了那個鬥爭的大旋渦。出於自我保護或為了表明『堅定』，我『自覺』地、更確切地說是違心地作出了我當日所要求我做的和我所能做的。以我當時的狀態和心境，可以想像我的這些言行肯定是無力甚而讓人失望的，而我卻必須這麼做下去。眼看周圍那些有善思考而才華橫溢的師友，一個個被打成了『另類』。」[註10]《紅樓》編輯部成員中張元勳、李任、王金屏和林昭四位成為「右派」。

　　《紅樓》時期，作為中國名校的學生，在這本雜誌上，學生對自己同類的批判甚至超過了社會上一般對「右派」的批判，特別是這些學生所使用的批判方式，帶有明顯的人身侮辱，但卻不為使用者所意識，這從一個側面反映了當時中國高等教育中存在的問題，這些學生不但沒有任何法治意識，連中國傳統的基本道德影響都極難看到。特別是從當時洪鐘哲拍攝的關於譚天榮、黃友釗的照片中，可以看出當時北大學生的道德已受到極大的扭曲。註11

　　《紅樓》雜誌作者群中，主要是當時北大中文系對文學創作感興趣的學生，基本沒有對學術研究比較熱心的學生。但如果我們把眼光再放遠觀察，對學術研究熱心的學生，在隨後北大進行的雙反運動中（反浪費、反保守）中，對自己老師的批判同樣使用了人格侮辱的方法。

　　1958年出版的《文學研究》（《文學評論》的前身）第三期，集中發表了三篇批判王瑤的文章，兩篇是北大中文系三年級魯迅文學社集體寫的，一篇是〈王瑤先生是怎樣否認黨的領導的〉，另一篇是〈王瑤先生的偽科學〉。最後一篇文章的第一部分是「剽竊與抄騙」。共講了三個問題；一、剪刀與漿糊。二、如此「重點修改」。三、古典文學研究也不例外。文章中有這樣一段話：

　　先看一個驚人的數字：厚厚上下二冊《中國新文學史稿》，全書計五十三萬七千字，小字引文共二十九萬三千字，大字引文共四萬三千字，全書引文共計三十三萬六千字，竟占全書的百分之六十二點五！這個數字本身不就是對王瑤先生所謂《史稿》的「科學性」的絕大和諷刺嗎？

除了帶引號的的引文，王先生還有很多不帶引號的引文，——剽竊。這也是王先生《史稿》的特色之一。如下冊二十四頁講到普及與提高的問題時，王先生認為「因為就一般新文學的作品說，它的不普及實在是因為它的不提高——它還不夠高度地反映人民現實生活中的要求和力量，以及創造了和這內容相適應的民族形式。」

這段話可以在馮雪峰的《論民主革命的文藝運動》一書中也可以找到，類似這樣的例子還很多。

在剩下不到百分之四十的篇幅中，除了對引文的復述，承上啟下的過度、轉折、聯接，王先生又耐心地向讀者大講起上百個作家千部作品故事梗概來了。講故事當然比對作品進行分析容易得多，篇幅也大大地拉少了，而稿費卻是以字數計算的。[註12]

這篇文章，要說是完全的奉命之作，好像解釋不過去，因為那樣的文章，一看就不是應付出來的，而是很下了一番苦心，可惜這苦心對老師的傷害太重。因為文章不是批判王瑤的學術和思想，而是侮辱他的人格。

反「右派運動」和雙反運動後前後，北大中文系在學風方面形成兩個特點，一是學生批判老師，二是集體創作。這兩個特點都有極強的歷史虛無主義特色，直接影響了北大學生在學術上的創造力，特別值得注意的是「文革」時期的文藝創作和學術研究風氣，基本是這兩個特點的延續和進一步擴大。另一個值得注意的現象是當時批老師最用力的學生，幾十年後在學科方面又普遍獲得重要學術地位。比如表袁行霈、程毅中、袁良駿、卓如、康式昭、劉登翰、嚴家炎、葉朗等，北大如此，其他中國高校大體也是這樣的情況。[註13]因政治運動出

局後的學生所留下的學科空白，總要有一些學生來填充，在歷次政治運動中始終保持「政治正確」的學生，總是比那些有獨立思考能力的學生所獲得的學科選擇機會要高很多。

半個世紀後反思中國學術界的狀況，人們可這樣理解當時參預各種批判運動的學生，因為凡積極參預批判運動的學生，通常在學術上較有才華，在學術方面的訓練也相對較好。當時批判運動所使用的武器，只是在尋找「政治正確」，在此過程中，相對於那些沒有參預相關運動的學生，他們在學術上還是得到了一定的訓練，當形勢發生變化後，他們當年「政治正確」的思想不再發生作用，但他們在此過程中得到的知識訓練依然可以發生作用，這也是為什麼人們發現當年活躍的北大中文系的學生，如袁行霈、謝冕、張炯、康式昭、劉登翰、孫紹振、孫玉石、洪子誠、葉明等等，幾乎同時又站到了中國當代學術的前沿。

1955級北大中文系學生曾在一個月內完成了一部《中國文學史》，這部文學史的價值今天已極少有人從正面評價，但參預這部文學史寫作的學生，在當時變態的寫作過程中，客觀上也得到了一些學術訓練卻也是事實，就如《紅樓》雜誌的作者一樣，雖然是在特殊歷史環境下的寫作，但寫作本身是一種知識訓練。黃修己回憶這一段經歷時説：「我參加『黃皮』書的編寫，執筆『陶淵明』等章節，現在已不敢去看當年寫的東西。我對陶淵明毫無研究，手上只有一本王瑤先生編的《陶淵明集》。先生經考證依照創作時間排序作品，用來特別便利，然而僅讀此書就敢大發議論，想起來便感到臉紅。」[註14]

《紅樓》作者群是在特殊歷史環境中出現的一群知識精英，但時代帶給他的們局限多於於創造。在《紅樓》作者群中，幾個立志成為小說家的學生張炯、翟奎曾、溫小鈺、汪浙成和康式昭，雖然後來也寫過一些小說，但多妻最終以文學評論為自己一生的志業。《紅樓》作者群中，沒有成為知名小說家的學生。這從另一個側面說明學科地位可以決定學者的學術地位，但小說家的地位卻要依賴作品。

三、從《新潮》到《紅樓》

　　《新潮》是北大「新潮社」編輯的一本學生雜誌，1919年創刊，發行到第3卷第2號停刊，共出版了12期。

　　把《新潮》和《紅樓》作一比較，大體基於這樣的考慮：1、這兩本雜誌都是北大文科學生主辦的學生刊物；2、雜誌的類型都是綜合性的文藝雜誌，雖然《新潮》多一些學術文章，但整體來說與《紅樓》雜誌屬於同一類型；3、《新潮》存在的時間是1919至1922年，與《紅樓》存在的時間相近；4、兩本雜誌的主要撰稿人同是北大學生。

　　《新潮》的撰稿人中包括北大教授如蔡元培、李大釗、胡適、魯迅、周作人、梁漱溟及社會上的作家如葉聖陶、朱自清、歐陽予倩等，這部分撰稿人不在本文比較範圍之內，也就是說，本文只比較當時還是北大學生的那部分《新潮》撰稿人，選擇的標準與《紅樓》撰稿人的選擇標準基本相同，取其知名度較高者：

　　《新潮》部分作者[註15]

姓名	生卒年	專業	留學	成就
傅斯年	1896－1950	歷史	德國	國立北大代理校長

羅家倫	1879－1969	哲學	英國	國立清華大學校長
譚鳴謙	1886－1956	哲學		民革中央副主席
汪敬熙	1893－1968	心理學	美國	中央研究院心理學所所長
康白情	1986－1954	文學	美國	新詩人
楊振聲	1890－1956	文學	美國	國立青島大學校長
沈性仁	1892－1948	英語	日本	翻譯家
潘家洵	1896－1989	文學		翻譯家
俞平伯	1900－1990	文學		紅學家
何思源	1896－1892	哲學	美國	北平市長
毛子水	1893－1988	歷史	德國	台大文學院院長
成舍我	1898－1991	新聞		《世界日報》社長
郭紹虞	1893－1984	文學		復旦中文系主任
楊鍾健	1897－1979	地質	德國	地質學家
劉半農	1891－1934	文學	法國	語言學家
馮友蘭	1895－1990	哲學	美國	哲學家
顧頡剛	1893－1980	哲學		史學家
江紹原	1898－1983	哲學	美國	民俗學家
孫伏園	1894－1966	文學		《京報》副刊主編

　　《新潮》雖然比《紅樓》早近四十年的時間，但《新潮》和《紅樓》在精神品質上完全不同，當時北大在蔡元培主持下，享有思想自由和學術自由，所以《新潮》儘管是一本學生雜誌，但卻向全社會發行，在這本雜誌上各種聲音同時存在，學生的視野面向世界，特別是對西方的各種思潮（包括自然科學，該雜誌也是在中國最早介紹愛因斯坦和相對論的雜誌之一）[註16]都有有相當充分的介紹和結合中國社會現實的

研究，無論是時評、書評、文藝創作還是學術研究，《新潮》的文章都不會隨時間流逝而失去其價值，它在中國現代文學史、學術史和思想史的上地位已得到確立，同時成為那一歷史時期最重要的文獻。

《紅樓》是一本完全在封閉社會中產生的學生雜誌，在這本雜誌上只有一種聲音，它的撰稿人完全受制於單一的意識形態主導，雜誌不但不能體現學生的自由意志，而且在每一政治運動到來的時候，雜誌本身就成為為運動報務的工具，從《紅樓》雜誌撰稿人的精神品質和知識結構的嚴重退化中，可以看出中國當代知識份子的悲劇命運，同樣的大學，同樣的學生，同樣的師資卻導致了中國知識份子如此不同的歷史命運，尤其令人感到悲哀的是《紅樓》這個刊名是要延續「五四運動」的傳統，但在《紅樓》中，「五四」傳統被曲解到了和「五四」傳統沒有任何關係的程度，而當時北大中文系的系主任恰好是「五四運動」的親歷者楊晦。

《新潮》在〈新潮發刊旨趣書〉中坦言：「總期海內同學去遺傳的科舉思想，進於現世的科學思想，去主觀的武斷思想，進於客觀的懷疑思想；為未來社會之人，不為現在社會之人，造成戰勝社會之人格，不為社會所戰勝之人格。」[註17]《新潮》倡言批評精神，但同時意識到：「本志雖曰發揮吾校真精神。然讀者若竟以同人言論代表大學學生之思潮，又為過當。大學學生兩千人，同人則不逾二十，略含私人集合之性質；所有言論由作者自負之，由社員共同負之。苟有激進之詞，自是社中主張，斷不可誤以大學通身當之。」

《紅樓》在發刊詞〈寫在「紅樓剪綵的日子」〉中說：「在那驚心動魄的『五四』時代，它的頂上燃起了第一支鬥爭的火炬；在那

茫茫的黑夜裏，它的東面的一個視窗，射出明亮的燈光，那裏跳動著一顆熱烈的偉大的心——我們敬愛的領袖毛主席；它的另一個視窗，站著文化革命的主將——魯迅，他把犀利的槍，投向了狡猾的敵人！……」這種空洞的抒情不但不符合歷史事實，更反映了當時北大學生在知識系統上的盲從，從中可以看出當時北大學生的理性和懷疑精神已徹底喪失，如果不是「反右派」運動中個別北大學生重新恢復了獨立思考的精神，那一代北大學生實在當不起中國知識份子的使命。

　　從《新潮》和《紅樓》作者群的簡單對比中，可以發現《新潮》的重要成員都是「五四運動」的主力如傅斯年、羅家倫、汪敬熙他們，這些成員在「五四運動」後基本選擇了到歐美留學，留學後回到中國，成為中國的知識精英，其中有好幾人成為中國著名大學的校長，代表人物如傅斯年，先創立史語所，成為中國最著名的學術研究機關，抗戰期間曾出任西南聯大校務委員會常委（代表北大，相當於合校期間的校長），1946年代理北大校長，後出任臺灣大學校長；羅家倫則先後出任清華大學和中央大學校長。其他從事學術研究的成員大部分成為中國當時所在學科的最早創立者和最有成績的研究者，如汪敬熙與中國現代心理學、劉半農與中國現代語言學、顧頡剛與中國現代史學、楊鍾健與中國中國古脊椎動物學、馮友蘭與中國現代哲學、江紹原與中國現代民俗學等等。《新潮》作者的知識結構和思想傾向共同構成中國現代自由主義知識份子的基本形態。

　　《紅樓》作者群沒有一人有完整的西方文化背景，雖然其中有北大西語系和哲學系的學生，如葉朗，但從他在《紅樓》發表的幾篇長文分析，特別是〈進攻的哲學〉一文，從頭到尾都是強詞奪理，看不

出有一點西方文化的影響。[註18]從《紅樓》刊發的大量文章分析，在整個《紅樓》時期，學生很難建立起自己獨立的精神世界，「反右」初期，就連林昭也在〈給張元勳的一封公開信〉上簽了名。[註19]可見獨立思考在當時《紅樓》作者群中不是一種得到普遍認可的思想方式，事實上從《紅樓》編輯成員的中，也看不出他們固定的思想傾向，大體是你批我我批你的迴圈變化，有些「反右派運動」初期的積極分子，到了運動後期反而成為了「右派」。

四、簡短結論

凡開放的時代才能產生學術大師，同時在學術上開一代新風。《新潮》作者生活在這樣的時代中，所以他們在學術上具有創造性，在思想上具有先鋒性。《新潮》作者許多參加過直接的政治活動，但沒有人為政治活動付出終身代價。

《紅樓》作者生活的時代，中國社會已完全處在封閉時代，在這樣時代裏

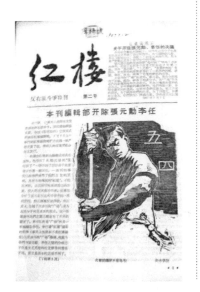

生活水平的中國知識份子，他們的獨立人格和創造精神已無法實現，扭曲的人生決定了扭曲的學術，雖然從學科地位觀察，《紅樓》作者與《新潮》作者的差異並不很大，但從嚴格的學術價值分析，這兩本雜誌的作者不屬於同一個知識份子群體。《紅樓》作者為我們時代提供的有創造性的學術成果極少，有創造的思想更談不上。《紅樓》作者凡直接參預政治活動的，都付出了終身代價，從學術體制的行政層面說，現在《紅樓》作者已基本退出了學科所在的重要地位，因為相當多的作者是依賴學科地位獲得社會聲望，所以當他們退出學科位置後，他們原有的學術聲望將會重新經受學術界的評價，這是《紅樓》作者群因歷史環境導致的特殊學術命運。

2006年11月10日完成於山西作協

【注釋】

註1：可以參閱馬嘶《負笈燕園——1953－1957：風雨北大》，群言出版社，1999年，北京。季羨林主編《沒有情節的故事》中，收有張元勳、陳奉孝、譚天榮等的文章，北京十月文藝出版社，2001年，北京。謝冕、費振剛主編《開花和不開花的年代》中，也有相關史料，北京大學出版社，2001年，北京。溫儒敏等主編《北大風——北京大學學生刊物百年作品選》，北京大學出版社，1998年，北京。胡伯威《青春·北大》，廣西師範大學出版社，2006年，桂林。

註2：《紅樓》「反右派鬥爭特刊」第4號第20頁，北京大學《紅樓》編輯部，1957年，北京。

註3：馬嘶《負笈燕園——1953—1957：風雨北大》第296頁，群言出版社，1999年，北京。

註4：http://weedpecker.bokee.com/3381430.html

註5：《紅樓》1957年第5、6期第60頁，北京大學《紅樓》編輯部，1957年，北京。

註6：《紅樓》1958年第4期第11頁，北京大學《紅樓》編輯部，1957年，北京。

註7：《紅樓·反右鬥爭特刊》第3號發表過一篇許棟樑的文章〈趣劇及其它〉，文章對伏爾泰的名言：「我完全不同意你的意見，但我願意犧牲我的生命，保衛你說話的權利」，進行了嘲諷，從中可見當時作者對西方思想的理解。北京大學《紅樓》編輯部，1957年，北京。

註8：謝冕、費振剛主編《開花和不開花的年代》第213頁，北京大學出版社，2001年，北京。

註9：謝冕、費振剛主編《開花和不開花的年代》第27頁，北京大學出版社，2001年，北京。

註10：謝冕、費振剛主編《開花和不開花的年代》第18頁，北京大學出版社，2001年，北京。

註11：《紅樓・反右鬥爭特刊第3號》第13頁，北京大學《紅樓》編輯部，1957年，北京。本期還刊有一幅聖焱等多人創作的〈降魔圖〉，把當時北大的學生右派及社團全部畫出，對「右派」的造型基本是人格侮辱。當時批判「右派」的詩歌與漫畫風格與後來「文革」中出現的形式完全相同。

註12：北京大學中國國語文學系編輯《文學研究與批判專刊》第84頁，人民文學出版社，1958年，北京。

註13：參閱北京大學中國國語文學系編輯《文學研究與批判專刊》1－4輯，人民文學出版社，1958年，北京。作家出版社編輯部編《中國古典文學厚古薄今批判集》1－4集，作家出版社，1958年，北京。人民出版社編輯部編《歷史科學中兩條道路的鬥爭》兩輯，人民文學出版社，1959年，北京。北京大學學報（人文科學）編輯委員會編《北京大學批判資產階級學術思想論文集（科學研究大躍進專刊）》，高等教育出版社，1958年，北京。中國人民大學新聞系文學教研室古典文學組編著《林庚文藝思想批判》，人民文學出版社，1958年，北京。

註14：謝冕、費振剛主編《開花和不開花的年代》第21頁，北京大學出版社，2001年，北京。

註15：本表列入《新潮》撰稿人中較為知名者，包括未撰稿但是《新潮》社員中的當時北大學生，教員不在其中。本文使用的兩冊《新潮》雜誌合訂本系影印本，上海書店，1986年，上海。

註16：《新潮》第3卷第2號首篇即是饒毓泰的長文〈相對原理〉。

註17：《新潮》第1卷第1號第3頁，上海書店，1986年，上海。

註18：《紅樓・反右鬥爭特刊》第2號第6頁，第3號14頁，第4號第6頁，北京大學《紅樓》編輯部，1957年，北京。

註19：《紅樓・反右鬥爭特刊第1號》第5頁，北京大學《紅樓》編輯部，1957年，北京。

後記

收在本書中的文字，是我平時閱讀舊書的一些感想。

我在前幾年出過一冊《雜書過眼錄》，其中文字也多是閱讀筆記一類。我選擇的這些舊材料，多數是在舊書攤上看到，感覺和學術研究有一點關係，取回來翻看，偶然想到就寫幾句。

小文章的好處是難説虛話，但短處是不能全面深入。合格的文人是長短都能寫，但現在是能寫長文章的人多，會寫短文章的人反而少了。原因大概是人們感覺小文章難登大雅之堂，其實這是誤解。小文章也不易，不易在不能説虛話，所以多少要有一點新材料，至少是不常見的材料。

短文章傳世易，歷朝的各類野史筆記，雖然流品不一，但代代都有人翻看，大概就是短文章有趣一點，文章有趣很重要，有材料才能有趣，這是一般寫文章都明白的道理。長文章有趣、有材料又有思想極難，所以我一般不願意做長文章。

感謝蔡登山先生的厚愛，這些短文章能以現在這個樣子面世。書中的照片，因為有些材料看過就送了朋友，只好付之闕如了，這是要特別說明的。

作者

2007年10月9日於廈門大學

世紀映像叢書

世紀映像叢書

國家圖書館出版品預行編目

何故亂翻書：謝泳閱讀筆記 / 謝泳著.--一版.
--臺北市：秀威資訊科技, 2008.02
　　面；　　公分.-- (語言文學類 ; PG0158)

ISBN　978-986-6732-79-9(平裝)

1.書評

011.69　　　　　　　　　　　　97001865

 語言文學　PG0158

何故亂翻書──謝泳閱讀筆記

作　　者 / 謝詠
主　　編 / 蔡登山
發 行 人 / 宋政坤
執行編輯 / 詹靚秋
圖文排版 / 陳湘陵
封面設計 / 莊芯媚
數位轉譯 / 徐真玉、沈裕閔
圖書銷售 / 林怡君
法律顧問 / 毛國樑　律師
出版印製 / 秀威資訊科技股份有限公司
　　　　　　台北市內湖區瑞光路583巷25號1樓
　　　　　　電話：02-2657-9211　傳真：02-2657-9106
　　　　　　E-mail：service@showwe.com.tw
經 銷 商 / 紅螞蟻圖書有限公司
　　　　　　台北市內湖區舊宗路二段121巷28、32號4樓
　　　　　　電話：02-2795-3656　傳真：02-2795-4100
　　　　　　http://www.e-redant.com

2008 年 2 月　BOD 一版
定價：400 元

讀 者 回 函 卡

感謝您購買本書，為提升服務品質，煩請填寫以下問卷，收到您的寶貴意見後，我們會仔細收藏記錄並回贈紀念品，謝謝！

1.您購買的書名：＿＿＿＿＿＿＿＿＿＿＿＿＿＿＿＿

2.您從何得知本書的消息？

　□網路書店　□部落格　□資料庫搜尋　□書訊　□電子報　□書店

　□平面媒體　□ 朋友推薦　□網站推薦 □其他＿＿＿＿＿

3.您對本書的評價：(請填代號　1.非常滿意 2.滿意 3.尚可 4.再改進)

　封面設計＿＿　版面編排＿＿　內容＿＿　文/譯筆＿＿　價格＿＿

4.讀完書後您覺得：

　□很有收獲　□有收獲　□收獲不多　□沒收獲

5.您會推薦本書給朋友嗎？

　□會　□不會，為什麼？＿＿＿＿＿＿＿＿＿＿＿＿＿＿＿

6.其他寶貴的意見：＿＿＿＿＿＿＿＿＿＿＿＿＿＿＿＿＿

＿＿＿＿＿＿＿＿＿＿＿＿＿＿＿＿＿＿＿＿＿＿＿＿＿

＿＿＿＿＿＿＿＿＿＿＿＿＿＿＿＿＿＿＿＿＿＿＿＿＿

＿＿＿＿＿＿＿＿＿＿＿＿＿＿＿＿＿＿＿＿＿＿＿＿＿

讀者基本資料

姓名：＿＿＿＿＿＿＿＿＿　年齡：＿＿＿　性別：□女 □男

聯絡電話：＿＿＿＿＿＿＿　E-mail：＿＿＿＿＿＿＿＿

地址：＿＿＿＿＿＿＿＿＿＿＿＿＿＿＿＿＿＿＿＿＿＿

學歷：□高中(含)以下　　□高中　　□專科學校　　□大學

　　　□研究所(含)以上 □其他＿＿＿＿＿＿

職業：□製造業 □金融業 □資訊業 □軍警 □傳播業 □自由業

　　　□服務業 □公務員 □教職　□學生 □其他＿＿＿＿＿

（請沿線對摺寄回,謝謝!）

秀威與 BOD

BOD（Books On Demand）是數位出版的大趨勢，秀威資訊率先運用 POD 數位印刷設備來生產書籍，並提供作者全程數位出版服務，致使書籍產銷零庫存，知識傳承不絕版，目前已開闢以下書系：

一、BOD 學術著作—專業論述的閱讀延伸
二、BOD 個人著作—分享生命的心路歷程
三、BOD 旅遊著作—個人深度旅遊文學創作
四、BOD 大陸學者—大陸專業學者學術出版
五、POD 獨家經銷—數位產製的代發行書籍

BOD 秀威網路書店：www.showwe.com.tw
政府出版品網路書店：www.govbooks.com.tw

永不絕版的故事・自己寫・永不休止的音符・自己唱